사회평론

글 사회평론 과학교육연구소
대학에서 오랫동안 과학을 연구한 전문가들이 모여, 우리 아이들이 쉽고 재미있게 공부할 수 있는 책을 만들고 있습니다.

글 설정민 (사회평론 과학교육연구소 연구원)
서울대학교 생물학과를 졸업하고 같은 대학교 대학원에서 석사 학위를 받은 뒤 박사 과정을 수료하였습니다. 아이에게 과학을 쉽고 재미있게 얘기해 주려 노력하다 보니 어린이를 위한 책을 만드는 일에도 관심을 가지게 되었습니다. 현재 사회평론 과학교육연구소 연구원으로 과학책을 만들고 있습니다.

글 김형진 (사회평론 과학교육연구소 연구원)
연세대학교 천문대기과학과를 졸업하고 같은 대학교 대학원에서 석사, 박사 학위를 받았습니다. 과학자를 꿈꾸는 아이들에게 올바른 과학 개념과 과학적 태도를 함께 키울 수 있는 방법을 전달하기 위해 노력하고 있습니다. 현재 사회평론 과학교육연구소 연구원으로 과학책을 만들고 있습니다.

글 이명화 (사회평론 과학교육연구소 연구원)
서울대학교 물리교육과를 졸업하고 같은 대학교 대학원에서 석사, 박사 학위를 받았습니다. 10여 년간 중학교에서 과학을 가르쳤으며, 미국 아리조나 주립대에서 물리학으로 박사 학위를 받고 독일, 미국, 영국에서 연구원으로 근무하였습니다. 쉽고 재미있는 과학책을 쓰는 일에 관심을 갖고 있으며, 현재 사회평론 과학교육연구소 연구원으로 과학책을 만들고 있습니다.

그림 조현상 (매드푸딩스튜디오)
미국 필라델피아에서 U-Arts를 졸업했습니다. 한국과 미국에서 동화, 일러스트레이션, 만화 등 다양한 작업을 하고 있습니다.
mad-pudding.com | instagram.com/madpuddingstudio

그림 뭉선생
2004년 LG 동아 국제만화 공모전에 입상하며 작품 활동을 시작했습니다. 그린 책으로 《조지의 우주를 여는 비밀 열쇠》 시리즈, 《용선생 만화 한국사》 시리즈, 《용선생 처음 한국사》 시리즈, 《용선생 처음 세계사》 시리즈 등이 있습니다.

그림 윤효식
2002년 《소년 챔프》에 〈신검〉으로 데뷔하여 어린이에게 유익한 학습 만화를 그리고 있습니다. 그린 책으로 《마법천자문 사회원정대》 시리즈, 《용선생 만화 한국사》 시리즈, 《용선생 처음 한국사》 시리즈, 《용선생 처음 세계사》 시리즈 등이 있습니다.

감수 박재근
서울대학교 생물교육과를 졸업하고 같은 대학교 대학원에서 과학교육 전공으로 석사, 박사 학위를 받았습니다. 생물교육과 환경교육을 주로 연구하고 있으며, 중학교, 고등학교 교사를 거쳐 현재 경인교육대학교 과학교육과 교수로 재직 중입니다. 2015 개정 교육과정의 중학교 과학교과서와 초등학교 과학교과서를 함께 저술하였습니다.

캐릭터 이우일
홍익대학교에서 시각디자인을 공부한 만화가입니다. 그림책 작가인 아내 선현경, 딸 은서, 고양이 카프카와 함께 그림을 그리고 글을 쓰며 살고 있습니다. 지은 책으로 《우일우화》, 《옥수수빵파랑》, 《좋은 여행》, 《고양이 카프카의 고백》 등이 있고, 그린 책으로 《노빈손》 시리즈, 《용선생의 시끌벅적 한국사》 시리즈, 《교양으로 읽는 용선생 세계사》 시리즈 등이 있습니다.

용선생의 시끌벅적 과학교실

식물

글 **사회평론 과학교육연구소** | 그림 **조현상·뭉선생·윤효식** | 감수 **박재근** | 캐릭터 **이우일**

알고 보면 식물도 쉴 새 없이 바빠!

사회평론

프롤로그

여러분, 안녕? 과학반을 맡은 용선생이야. 내 명성은 익히 들어 봤겠지? 역사반과 세계사반을 모두 훌륭하게 성공시키며 방과 후 교실 최고의 인기 교사가 된 그 용선생이란다. 교장 선생님께서 특별히 부탁하셔서 이번에는 과학반을 맡게 되었어. 어찌나 사정을 하시던지 도무지 거절할 수가 없었지 뭐야. 그래서 이 몸이 깜짝 놀랄 수업을 준비했단다.

우리의 수업은 언제나 질문과 함께 출발해. 세상을 둘러보다가 누군가 "저건 왜 그래요?" 하고 질문하면 바로 그 순간 수업이 시작되는 거지. 이제부터 용선생의 시끌벅적 과학교실을 제대로 즐기는 방법을 하나씩 알려 줄게.

첫째, 과학반 친구들과 함께 호기심을 갖고 질문해 봐. 과학을 어렵게만 생각하지 말고, 매 교시마다 아이들이 어떤 호기심을 가지는지 관심을 가져 봐. 과학반 친구들과 함께 '왜 그럴까?', '어떻게 알아낼 수 있을까?' 고민하다 보면 어렵던 과학도 쉽게 느껴질 거야.

둘째, 어려운 내용은 사진과 그림으로 이해해 봐. 어려운 과학 개념과 원리를 한 장의 사진이나 그림을 통해 단숨에 이해할 수도 있어. 그래서 너희를 위해 사진과 그림을 많이 준비했단다. 글을 읽다가 어렵다 싶으면 옆에 있는 사진과 그림을 봐. 잘 이해되지 않던 내용이 틀림없이 술술 이해될 거야.

셋째, 배운 내용을 되새기며 머릿속에 정리해 봐. 왁자지껄한 수업을 마치고 나면 뭘 배웠는지 정리가 안 될 때도 있을 거야. 그럴 때를 대비해 중간중간 핵심 정리를 준비했어. 또 배운 내용을 4컷 만화로 재미있게 요약해 두었지. 게다가 교시가 끝날 때마다 나선애의 정리노트도 마련했단다. 이 정도면 학습 정리는 문제없겠지?

과학은 분야도 다양하고 배울 내용도 아주 많아. 쉽게 이해할 수 있는 부분도 있지만, 여러 번 곰곰이 생각해 봐야 알 수 있는 부분도 있지. 이 책을 여러 번 다시 읽다 보면 구석구석 빠짐없이 모두 이해될 거야.

자, 이제 용선생의 시끌벅적 과학교실을 제대로 즐길 준비가 됐겠지? 그럼 신나는 수업을 시작해 볼까?

차례 | 식물

1교시 | 식물의 특징

식물이 뭐지?

식물은 어떤 특징이 있을까? … 13
양분을 만드는 곳은? … 15
뿌리와 줄기에서는 어떤 일이? … 17

나선애의 정리 노트 … 22
과학퀴즈 달인을 찾아라! … 23

교과연계
초 4-2 식물의 생활
초 6-1 식물의 구조와 기능
중 2 식물과 에너지

3교시 | 줄기

나무의 나이테는 어떻게 생길까?

줄기 속은 어떻게 생겼을까? … 45
나이테의 정체는? … 48
형성층이 없는 식물은? … 52

나선애의 정리 노트 … 56
과학퀴즈 달인을 찾아라! … 57
용선생의 과학 카페 … 58
 - 식물이 위아래를 구분할 수 있다고?

교과연계
초 6-1 식물의 구조와 기능
중 2 식물과 에너지

2교시 | 뿌리

식물이 뿌리를 뻗는 까닭은?

뿌리는 무슨 일을 할까? … 27
뿌리털의 비밀은? … 30
뿌리는 어떻게 물을 흡수할까? … 33

나선애의 정리 노트 … 38
과학퀴즈 달인을 찾아라! … 39
용선생의 과학 카페 … 40
 - 식물 뿌리 기네스북

교과연계
초 6-1 식물의 구조와 기능
중 2 식물과 에너지

4교시 | 증산 작용

온실 안이 뿌연 까닭은?

잎은 이렇게 생겼어 ··· 63
기공에서는 어떤 일이? ··· 65
증산 작용은 왜 중요할까? ··· 70

나선애의 정리 노트 ··· 74
과학퀴즈 달인을 찾아라! ··· 75
용선생의 과학 카페 ··· 76
 - 잎의 변신은 무죄!

교과연계
초 6-1 식물의 구조와 기능 |
중 2 식물과 에너지

6교시 | 식물의 호흡

양분에서 에너지를 얻으려면?

식물도 호흡을 한다고? ··· 99
식물은 어떻게 산소를 얻을까? ··· 102
광합성 VS 호흡 ··· 104

나선애의 정리 노트 ··· 108
과학퀴즈 달인을 찾아라! ··· 109

교과연계
초 6-1 식물의 구조와 기능 |
중 2 식물과 에너지

5교시 | 광합성

스스로 양분을 만들려면?

양분을 만드는 재료는? ··· 81
광합성이 일어나는 곳은? ··· 85
광합성이 잘 일어나려면? ··· 88

나선애의 정리 노트 ··· 92
과학퀴즈 달인을 찾아라! ··· 93
용선생의 과학 카페 ··· 94
 - 가을에 단풍이 들고 낙엽이 지는 까닭은?

교과연계
초 6-1 식물의 구조와 기능 |
중 2 식물과 에너지

가로세로 퀴즈 ··· 110
교과서 속으로 ··· 112

찾아보기 ··· 114
퀴즈 정답 ··· 115

등장인물

용쓴다 용써!
용선생

- 체력 ★★★
- 지력 ★★★★★
- 감성 ★★★
- 호기심 ★★★★★
- 유머 ★★

열정이 가득한 과학 선생님. 하늘을 향해 거침없이 솟은 머리카락과 삐죽삐죽한 수염이 매력 포인트. 생생한 과학 수업을 하기 위해 물불을 가리지 않는다.

장하다 장해!
장하다

- 체력 ★★★★★
- 지력 ★
- 감성 ★★★★
- 호기심 ★★★★★
- 유머 ★★★★★

'튼튼하게만 자라 다오.'라는 아버지의 소원대로 튼튼하게 자랐다. 성격은 일등, 성적은 비밀이다. 시험을 못 봐도 씩씩하고 엉뚱한 질문으로 수업에 활력을 준다.

오늘도 나선다!
나선애

- 체력 ★★★★
- 지력 ★★★★
- 감성 ★★★
- 호기심 ★★★★★
- 유머 ★★★

과학자를 꿈꾸는 우등생. 공부도 잘하고 아는 게 많아서 모든 일에 앞장서는 타입이다. 겉으로는 차가워 보이지만 내심 따뜻한 면도 가지고 있다. 전혀 티가 안 나서 그렇지.

잘난 척 대장
왕수재

- 체력 ★★★
- 지력 ★★★★
- 감성 ★
- 호기심 ★★★★★
- 유머 ★

세상에서 자기가 제일 잘난 줄 안다. '천재는 외로운 법이고 질투의 대상인 법'이라나. 친구들에게 깐족거리는 데에도 천재적이다. 그래도 수업에는 늘 적극적으로 참여한다.

낭만 가득
허영심

체력 ★★★★★
지력 ★★★
감성 ★★★★★
호기심 ★★★★
유머 ★★

감성이 풍부해도 너무 풍부하다. 떨어지는 낙엽이나 밤하늘의 별을 보며 눈물짓고, 조그만 벌레와 대화를 나누는 사차원 성격. 하지만 누구보다 정이 많고 낭만적이다.

과학반 귀염둥이
곽두기

체력 ★★★
지력 ★★★★
감성 ★★★★
호기심 ★★★★★
유머 ★★★★

형과 누나들의 귀여움을 독차지하는 과학반 막내. 나이도 가장 어리고 타고난 동안이라 언뜻 보면 유치원생 같다. 훈장 할아버지 덕에 어려운 단어를 줄줄 꿰고 있다.

우리를 찾아봐!

뿌리털
뿌리 표피 세포 하나가 길게 자란 것으로 물과 무기 양분을 흡수해.

물관
뿌리에서 흡수한 물이 이동하는 통로로 체관과 함께 관다발을 이루고 있어.

체관
잎에서 만들어진 양분이 이동하는 통로로 물관과 함께 관다발을 이루고 있어.

기공
잎 표피에 있는 구멍이야. 물이 빠져나가고 공기가 드나들어.

엽록체
식물 세포 속에서 광합성이 일어나는 곳이야.

이산화 탄소
잎의 기공으로 들어와서 광합성의 재료로 쓰여.

1교시 | 식물의 특징

식물이 뭐지?

교과연계

초 4-2 식물의 생활
초 6-1 식물의 구조와 기능
중 2 식물과 에너지

리톱스는 식물의 특징을 가지고 있지.

식물의 특징이 뭔데요?

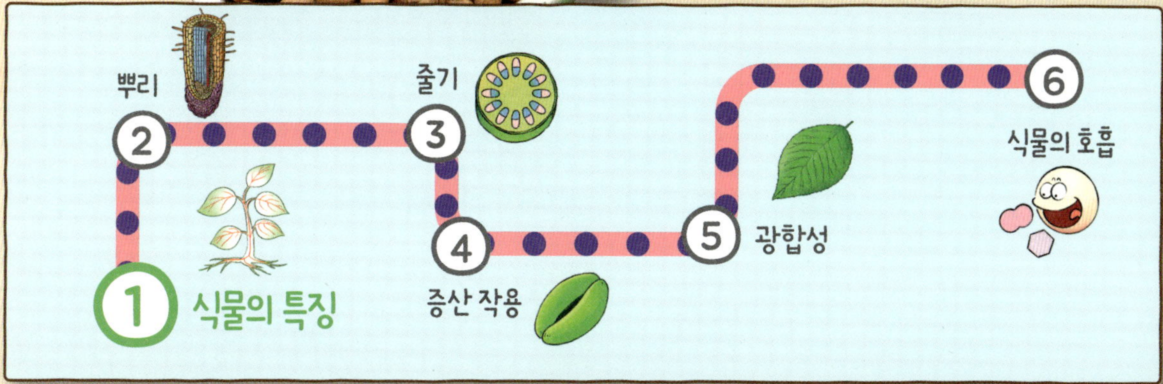

1. 식물의 특징
2. 뿌리
3. 줄기
4. 증산 작용
5. 광합성
6. 식물의 호흡

"얘들아, 이것 좀 봐. 누가 화분에 돌을 잔뜩 올려놨어."

"어, 돌은 아닌 것 같은데? 돌처럼 차갑거나 딱딱하지 않아."

마침 과학실로 들어온 용선생이 말했다.

"어때, 마음에 드니? 우리 과학반을 위한 깜짝 선물이란다! 이건 '리톱스'라는 식물이야."

"네? 이게 식물이라고요?"

"아무리 봐도 조약돌처럼 생겼는데요?"

아이들이 의심스러운 표정으로 물었다.

"하하, 동물들도 이 식물을 돌인 줄 알고 먹지 않는대. 하지만 이건 분명히 식물이란다!"

왕수재가 팔짱을 끼며 말했다.

"이렇게 생긴 게 어째서 식물이에요?"

식물은 어떤 특징이 있을까?

"흠, 리톱스가 식물이라는 걸 확인하려면 우선 식물이 무엇인지부터 정확히 알아야겠지? 일단 너희들이 알고 있는 식물에는 뭐가 있는지 말해 볼래?"

"음, 학교 화단에 있는 장미요. 예쁜 꽃을 피우죠."

"나무도 식물이에요. 맛있는 과일이 열리는 감나무, 사과나무 같은 거요."

장하다가 질세라 손을 들고 말했다.

"축구 경기장의 잔디도 식물이고요."

장미

감나무

잔디

"그래. 감나무 같은 나무부터 잔디 같은 풀까지 모두 식물이야. 어째서 이것들을 '식물'이라고 하는 걸까?"

아이들이 선뜻 대답하지 못하자 용선생이 다시 물었다.

"좋아, 그렇다면 질문을 바꿔서 물어볼게. 식물은 어떤 특징을 가지고 있지?"

"식물은 동물과 달리 이곳저곳 돌아다니지 않아요."

"뿌리랑 줄기, 그리고 잎이 있어요."

아이들의 대답에 용선생이 고개를 끄덕였다.

"너희들 말이 맞아. 식물은 뿌리, 줄기, 잎으로 이루어져 있고, 한곳에서 살아가는 특징이 있어. 그런데 가장 중요한 특징이 하나 빠졌구나. 식물의 몸 색깔이 어떤지 생각해 볼래?"

"흠, 그러고 보니 몸의 대부분이 녹색이에요!"

"그래. 식물의 가장 중요한 특징은 몸의 녹색을 띠는 부분에서 햇빛을 받아 스스로 양분을 만든다는 거야."

"스스로 양분을 만든다고요? 근데 리톱스에는 녹색을 띠는 부분이 없는데요?"

"게다가 뿌리, 줄기, 잎도 없는 것 같고요."

"정말 리톱스는 식물이 맞나요?"

허영심이 리톱스가 놓인 화분을 만지작거리며 물었다.

핵심정리

식물은 뿌리, 줄기, 잎으로 이루어져 있고, 한곳에서 살아가. 그리고 녹색을 띠는 부분에서 햇빛을 받아 스스로 양분을 만들지.

양분을 만드는 곳은?

▲ 리톱스의 구조

"리톱스를 자세히 살펴볼까?"

용선생은 화분에 있는 리톱스 하나를 흙에서 파냈다.

"아하, 흙 속에 묻혀 있던 부분이 녹색이네요."

"또 뿌리도 있어요."

"잘 봤어. 돌멩이처럼 보이는 부분은 흙 위에 드러나 있는 리톱스 잎의 윗부분이고, 녹색을 띠는 잎의 대부분은 흙 속에 파묻혀 있어."

용선생의 과학 현미경

줄기는 식물이 햇빛을 잘 받을 수 있도록 몸을 위쪽으로 향하게 지탱하는 역할을 해. 그런데 리톱스는 사막의 강한 햇빛으로부터 몸을 보호해야 하니까 줄기가 거의 없는 모습으로 환경에 적응했단다.

"어, 잎이 왜 흙 속에 있어요?"

"리톱스는 원래 사막에 사는 식물이야. 사막은 비가 거의 오지 않고 햇볕이 강해서 식물 몸속의 물이 마르기 쉬워. 그래서 리톱스는 줄기가 거의 없고 몸의 대부분인 잎이 흙 속에 파묻혀 있어. 흙 위에 드러난 잎의 윗부분은 사막의 강한 햇볕을 가려 주지."

"그러면 양분은 흙 속에 파묻힌 잎에서 만드나요? 녹색인 부분에서 양분을 만든다고 하셨잖아요."

"그렇지. 흙 속에 파묻혀 있는 잎의 녹색 부분에서 양분을 만들어."

그러자 곽두기가 고개를 갸웃거렸다.

"선생님, 줄기가 녹색인 식물도 많잖아요. 그럼 줄기에서도 양분을 만들어요?"

"줄기든 잎이든 녹색을 띠는 부분에서는 모두 양분을 만들어. 하지만 잎은 줄기보다 전체 넓이가 훨씬 넓어서 양분을 만드는 데 필요한 햇빛을 많이 받지. 그래서 양분은 대부분 잎에서 만들어진단다."

필기를 하던 왕수재가 책상을 탁 치며 말했다.

"리톱스는 식물이 맞네요! 줄기는 거의 없어도 잎과 뿌리도 있고, 녹색 잎에서 양분도 만드니까요."

▲ 잎은 줄기보다 훨씬 햇빛을 잘 받아.

그때 나선애가 손을 들고 물었다.

"그런데요, 선생님! 뿌리는 무슨 일을 하죠?"

잎은 줄기보다 전체 넓이가 넓어서 햇빛을 많이 받아. 따라서 식물에 필요한 양분은 대부분 잎에서 만들어져.

뿌리와 줄기에서는 어떤 일이?

용선생이 이마를 탁 쳤다.

"오호, 뿌리를 잠시 잊고 있었구나. 뿌리도 아주 중요한

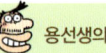

용선생의 과학 현미경

탄소를 제외한 질소, 칼륨, 칼슘, 마그네슘, 인, 황, 철, 아연 등이 무기 양분에 속해. 무기 양분을 미네랄이라고도 불러.

일을 하지. 뿌리는 물과 무기 양분을 흡수해."

"물 말고 무기 양분도 흡수한다고요? 양분은 잎에서 만든다면서요? 무기 양분은 잎에서 만든 양분과 다른 거예요?"

"응, 달라. 잎에서 만드는 양분은 생물이 살아가는 데 필요한 에너지를 만들 때 쓰여. 반면 무기 양분은 에너지를 만드는 데 직접 쓰이지는 않지만, 생명 활동이 잘 일어나게 돕는 역할을 해서 몸에 꼭 필요하지."

"아, 뿌리가 중요한 걸 흡수하는군요."

"그렇지. 또, 뿌리는 흙을 파고들어 식물의 몸이 쓰러지지 않게 단단히 붙잡아 줘. 줄기와 함께 몸을 지탱하는 거야."

"줄기도 몸을 지탱해요?"

"응. 줄기는 식물의 몸을 버티는 뼈대와 같아. 덕분에 가지가 뻗어 나가고 잎과 꽃이 열려도 식물의 몸이 쓰러지지 않지. 게다가 줄기는 뿌리에서 흡수한 물과, 잎에서 만든 양분이 이동하는 통로 역할도 한단다."

"줄기가 통로 역할을 한다고요?"

"그래. 사람의 몸에 혈관이 뻗어 있는 것처럼 식물의 몸에도 관으로 된 통로가 뻗어 있어. 관을 통해서 식물의 온 몸으로 물과 양분이 이동하지."

용선생은 화면에 그림을 띄웠다.

▲ 사람의 혈관과 식물의 관다발

"식물의 몸에는 물이 이동하는 통로인 '물관'과, 양분이 이동하는 통로인 '체관'이 있어. 물관과 체관이 모여서 다발을 이루고 있는데, 이것을 '관다발'이라고 한단다."

나선애가 용선생에게 물었다.

"식물의 온몸에 관다발이 있다면, 사과 같은 열매에도 관다발이 있나요? 열매도 식물에서 자라는 거잖아요."

"좋은 질문이야. 열매는 물과 양분이 저장되는 곳이니까 당연히 관다발이 있지."

 용선생의 과학 현미경

어떤 식물은 뿌리나 줄기에 양분을 저장해.

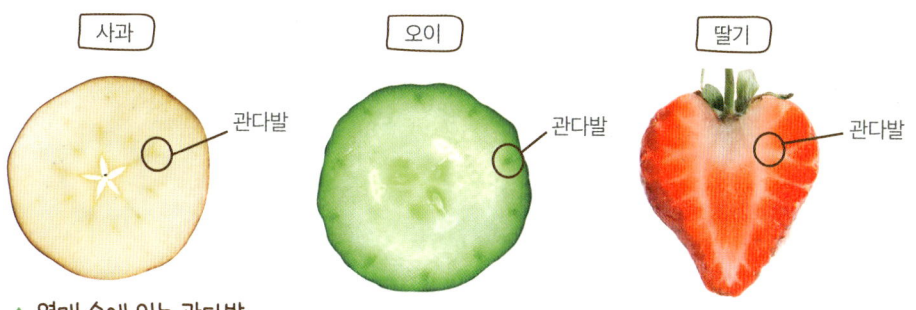

▲ 열매 속에 있는 관다발

용선생은 아이들을 한번 둘러보며 말을 이었다.

"식물은 이렇게 뿌리, 줄기, 잎이 각자 맡은 일을 하며 살고 있단다. 이 그림을 보면서 정리해 볼까?"

문득 곽두기가 리톱스를 뚫어져라 보더니 말했다.

"선생님, 이 작은 돌멩이 같은 리톱스도 지금 온몸으로 물과 양분을 옮기며 열심히 일하고 있겠네요?"

"그럼. 좀 더 자라면 새잎도 생기고 꽃도 필 거야. 다들 집에 가져가서 키워 볼래?"

"좋아요! 선생님, 최고!"

핵심정리

뿌리는 땅속에서 물과 무기 양분을 흡수하고 몸을 지탱하고 있어. 줄기는 관다발을 통해 물과 양분이 이동하는 통로 역할을 하고, 몸을 지탱하고 있지.

용선생의 과학 현미경

식물은 일생 동안 어떻게 살아갈까?

강낭콩이나 토마토 같은 식물의 씨를 심어 본 적 있니? 흙에 씨를 심으면 씨에서 싹이 트고, 잎과 줄기가 자라나. 물론 흙 속에서는 뿌리도 자라지. 다 자란 식물은 꽃을 피우고 열매를 맺는데, 열매 속에는 다시 새로운 식물로 자랄 수 있는 씨가 들어 있어. 이렇게 씨가 싹트고 자라서 꽃이 피고 열매를 맺어 다시 씨가 만들어지는 과정을 '식물의 한살이'라고 해.

▶ 토마토의 한살이

나선애의 정리노트

1. 식물의 특징
① 한곳에서 살아감.
② 주로 뿌리, 줄기, ⓐ_____으로 이루어짐.
③ 녹색을 띠는 곳에서 ⓑ_____을 받아 스스로 양분을 만듦.

2. 식물의 구조와 기능

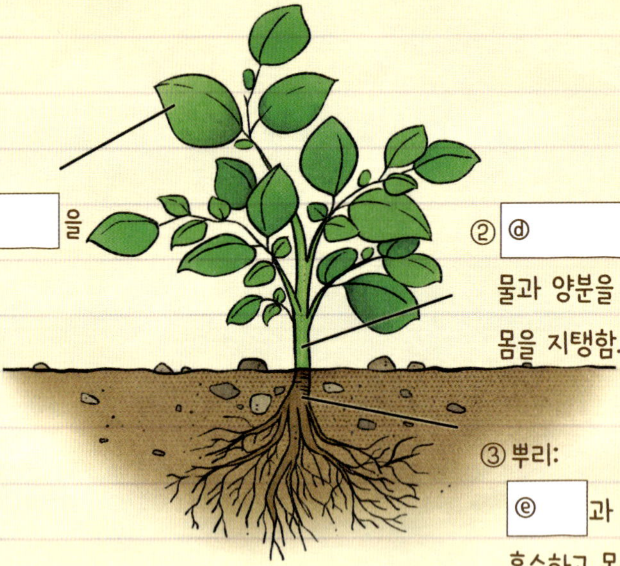

① 잎: ⓒ_____을 만듦.

② ⓓ_____: 물과 양분을 이동시키고 몸을 지탱함.

③ 뿌리: ⓔ_____과 무기 양분을 흡수하고 몸을 지탱함.

ⓐ 잎 ⓑ 햇빛 ⓒ 양분 ⓓ 줄기 ⓔ 물

 **과학퀴즈** 달인을 찾아라!

●정답은 115쪽에

01

친구들이 이번 시간에 배운 내용에 대해 이야기하고 있어. 옳으면 O, 옳지 않으면 X를 표시해 줘.

① 식물은 한곳에서 살고, 돌아다니지 않아. (   )
② 식물은 햇빛을 받아 스스로 양분을 만들어. (   )
③ 식물은 줄기에서 물을 흡수해. (   )

02

장하다가 방탈출 게임을 하고 있어. 아래 보기 에서 괄호 안에 들어갈 말들을 순서대로 찾아야 탈출할 수 있대. 장하다가 나가는 길을 찾게 도와줘.

> **보기**
> 식물은 물을 흡수하는 (   ), 물과 양분을 이동시키는 (   ),
> 양분을 만드는 (   )으로 이루어져 있어.

2교시 | 뿌리

식물이 뿌리를 뻗는 까닭은?

흙이 무너졌나 봐.

응. 흙 사이에 있는 게 뭐지?

"왜 이렇게 안 뽑히는 거야? 으악!"

장하다는 학교 텃밭에 무성하게 자라는 잡초를 뽑다가 엉덩방아를 찧었다.

"하다 형, 막 잡아당기지만 말고 뿌리 쪽 흙을 조금 파내면 잘 뽑혀."

"오, 곽두기! 제법인데?"

장하다는 주저앉은 채 뿌리를 파냈다.

"어휴, 그래도 힘들어. 뿌리가 날 미워하나 봐."

"하하, 설마 그럴 리가 있겠니? 뿌리는 자기가 맡은 일을 했을 뿐이란다."

용선생의 말에 장하다가 잔뜩 찌푸린 얼굴로 물었다.

"뿌리가 무슨 일을 하는데요?"

"텃밭 정리를 얼른 마치고 함께 알아볼까?"

"끙! 그게 좋겠네요."

뿌리는 무슨 일을 할까?

과학실로 돌아온 아이들은 용선생을 바라보았다.

"먼저 뿌리의 생김새를 보면서 뿌리가 하는 일을 차근차근 알아보자. 식물의 뿌리는 생김새에 따라 크게 두 가지 종류로 나뉘어. 그림을 함께 볼까?"

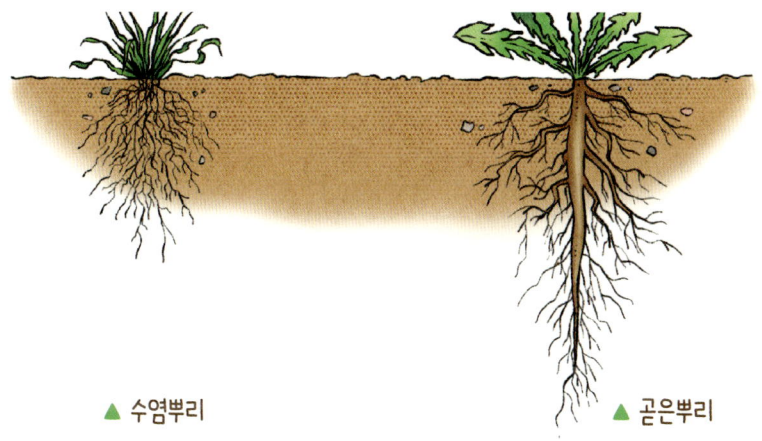

▲ 수염뿌리　　　　　▲ 곧은뿌리

"선생님, 왼쪽 그림은 아까 텃밭에서 뽑은 강아지풀 뿌리랑 비슷해요."

곽두기의 말에 용선생은 고개를 끄덕였다.

"맞아. 강아지풀에는 수염처럼 가늘고 굵기가 서로 비슷한 뿌리들이 많이 나 있어. 이렇게 생긴 뿌리를 '수염뿌리'라고 부르지."

"오른쪽 그림은 수염뿌리와 조금 다른데요?"

"그래. 가운데에 굵은 뿌리가 있고 거기에서 더 가는 뿌리들이 가지처럼 뻗어 있지. 이렇게 생긴 뿌리를 '곧은뿌리'라고 불러. 수염뿌리와 곧은뿌리는 생김새도 다르지만 자라는 방식도 다르단다."

"어떻게 다른데요?"

"먼저 수염뿌리는 가느다란 뿌리로 이루어져 있어서 흙을 깊숙이 파고들기 힘들어. 대신 땅 표면 바로 아래에 빠르게 뿌리를 뻗으며 자라."

"그러면 곧은뿌리는요?"

"곧은뿌리는 중심이 되는 뿌리가 땅속 깊이 파고들며 굵게 자라. 또 중심이 되는 뿌리에서 가는 뿌리가 뻗어 나가 흙을 단단히 붙잡을 수 있어. 물론 뿌리가 깊게 자라기까지 시간이 오래 걸리긴 하지."

"땅속 깊은 곳까지 자라는 나무뿌리처럼요?"

▼ 깊게 뻗은 나무뿌리

"맞아. 이렇게 생김새는 달라도 모든 뿌리는 흙을 단단히 붙잡아서 식물의 몸이 뽑히지 않게 지탱해. 어떤 식물들은 몸을 더 잘 지탱하기 위해 독특한 모양의 뿌리를 만들기도 하지."

용선생은 화면에 사진을 띄웠다.

▲ **독특한 모양의 뿌리** 옥수수는 기둥처럼 생긴 버팀뿌리를 만들고, 담쟁이 덩굴은 빨판처럼 생긴 부착뿌리를 만들어.

"와! 정말 뿌리들이 특이하게 생겼네요."
"혹시 그거 아니? 너희가 먹는 고구마도 뿌리란다!"
"네? 고구마가 열매가 아니라 뿌리라고요?"
"생긴 것도 열매처럼 덩어리 모양인데요?"
"하하, 그렇단다. 덩어리 모양의 뿌리는 곧은뿌리에 속하는데, 몸을 지탱할 뿐만 아니라 양분을 저장하기도 하지. 고구마 외에 무나 당근도 양분을 많이 저장하는 뿌리야. 그래서 우리가 이런 뿌리를 먹는 거고."

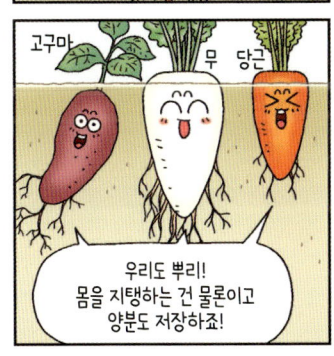

▲ 고구마　　　　▲ 무　　　　　　▲ 당근

"아하! 무와 당근도 뿌리였군요!"
아이들이 고개를 끄덕였다.

핵심정리

식물의 뿌리는 생김새에 따라 수염뿌리와 곧은뿌리로 나뉘어. 뿌리는 땅속에서 흙을 붙잡아 식물의 몸을 지탱하고, 양분을 저장하기도 해.

뿌리털의 비밀은?

"생각할수록 너무 신기해요. 말랑한 뿌리가 어떻게 단단한 흙을 파고들어 자랄 수 있죠?"
"뿌리가 땅속을 파고들며 자라는 비결은 뿌리 끝부분에 있지. 뿌리의 구조를 자세히 살펴볼까?"

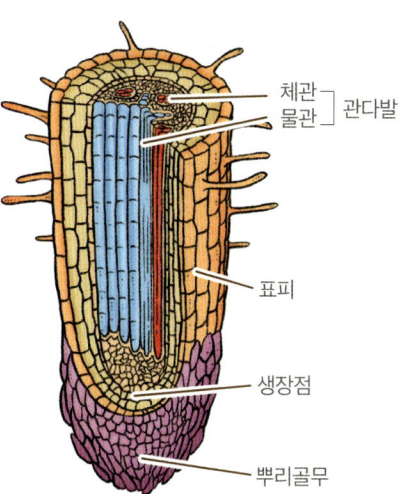

▲ 뿌리의 구조

용선생은 화면에 새로운 그림을 띄웠다.

"뿌리 제일 바깥에 표피가 뿌리를 둘러싸고 있고, 표피 안쪽에는 물이 이동하는 물관과 양분이 이동하는 체관이 있어. 뿌리 끝부분에는 생장점과 뿌리골무가 있지."

"생장점? 뿌리골무? 그런 건 처음 들어 봐요."

"생장점은 세포 분열이 일어나 뿌리를 길게 자라게 하는 곳이야. 뿌리골무는 생장점을 감싸고 보호한단다."

"생장점을 왜 보호하는데요?"

"뿌리는 자라면서 근처에 있는 흙을 조금씩 밀어내. 이때 생장점이 흙에 닿아 다치기라도 하면 뿌리가 자라지 못하겠지? 그래서 뿌리골무가 생장점을 감싸고 있는 거야."

곽두기가 손을 들고 말했다.

"그러면 뿌리가 자랄 때 뿌리골무가 생장점 대신 다치겠네요?"

"맞아. 뿌리골무 바깥쪽은 뿌리가 자라면서 흙과 직접 닿아 조금씩 떨어져 나가. 대신 생장점에서 새로 생긴 세포가 뿌리골무 안쪽을 채우니까 뿌리골무는 일정하게 유지된단다."

나선애가 그림을 가리키며 물었다.

"근데 뿌리 겉 부분에 삐죽삐죽하게 털 같은 것이 났어

 나선애의 과학 사전

표피 겉 표(表) 가죽 피(皮). 동물이나 식물 겉을 덮고 있는 부분을 말해.

세포 분열 세포는 생물의 몸을 이루는 가장 작은 단위야. 세포 하나가 둘로 나뉘어 세포의 수가 늘어나는 걸 세포 분열이라 해.

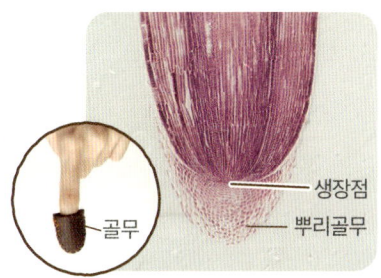

▲ **뿌리골무** 바느질할 때 손가락을 보호하는 골무처럼, 뿌리골무는 뿌리 끝의 생장점을 싸서 보호해.

요! 저건 뭐예요?"

"오호, 아주 잘 관찰했어. 그건 '뿌리털'이라고 해. 뿌리 표피에 있는 세포가 길게 자란 거야. 마치 뿌리에 털이 난 것처럼 생겨서 뿌리털이라고 부르지. 뿌리털은 씨가 싹틀 때 처음 자라나는 뿌리에서 잘 보여."

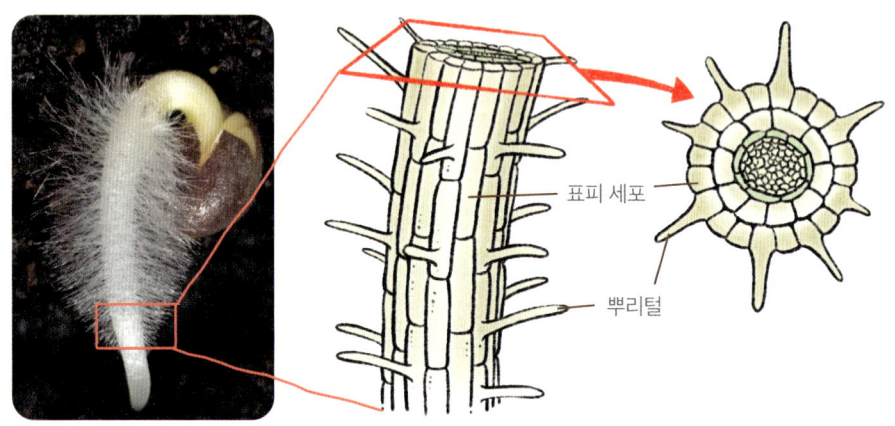

▲ 양배추씨에서 싹튼 새싹의 뿌리에서 길게 자라난 뿌리털이 잘 보여.

"꼭 솜털 같아요. 가늘고 약해 보이는데, 흙 속에서 끊어지지 않을까요?"

"하하, 그런 걱정 안 해도 돼. 오히려 가느다란 뿌리털이 흙 알갱이 사이사이를 잘 파고드는 덕분에 뿌리가 중요한 일을 해낼 수 있거든."

"중요한 일이요?"

"응. 뿌리가 하는 가장 중요한 일은 바로 흙 속의 물을 흡수하는 거야. 뿌리털이 흙 알갱이 사이를 파고들어 가서 뿌리가 흙과 닿는 부분이 더 넓어지면, 흙 속의 물을 더 많이 흡수할 수 있지."

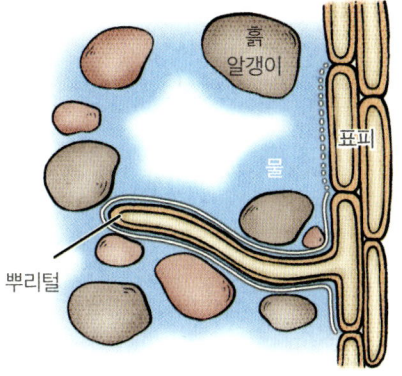

▲ 뿌리털이 없는 표피보다 뿌리털이 있는 표피가 흙과 닿는 부분이 훨씬 넓어.

핵심정리

뿌리의 생장점은 뿌리를 자라게 하는 부분으로, 뿌리골무에 싸여 있어. 뿌리털은 표피 세포가 길게 자란 것인데, 흙과 닿는 부분을 넓게 만들어서 뿌리가 물을 잘 흡수하게 해.

뿌리는 어떻게 물을 흡수할까?

"그러면 잎이나 줄기에서는 물을 흡수하지 않나요?"

"대부분의 식물은 잎이나 줄기에서는 물을 거의 흡수하지 않아. 비가 내려서 땅에 물이 스며들면 땅속에 있는 뿌리가 물을 흡수하지."

"뿌리는 스펀지처럼 구멍이 송송 뚫린 것 같지도 않은데

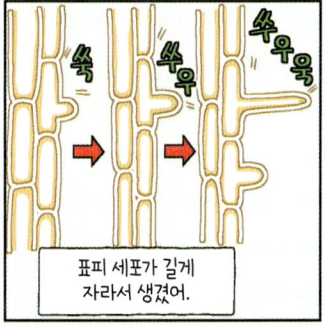
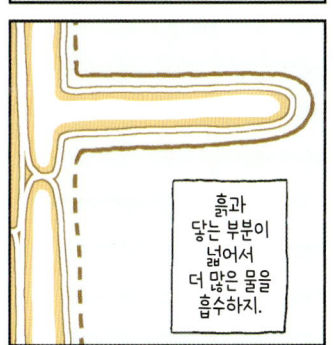

어떻게 물을 흡수하죠?"

"흠, 너희들 김치 담글 때 배추를 소금에 절이는 걸 본 적 있니? 뿌리가 물을 흡수하는 것은 배추가 절여지는 것과 원리가 같단다."

"정말요? 아무 관련도 없을 것 같은데……."

용선생이 웃으며 화면에 사진을 띄웠다.

▲ 배추를 소금에 절이면 배추에서 물이 나와.

"배추를 절일 때 소금을 뿌려 놓으면, 배추에서 물이 나와서 배추가 쪼글쪼글해져."

"배추에서 왜 물이 나와요?"

"물은 주어진 조건에 따라서 식물의 몸 안으로 들어가기도 하고 나오기도 하거든. 어떤 조건인지 간단한 실험을 통해 알아보자."

용선생이 실험 장치를 설치하고 몇 분 뒤, 아이들은 눈앞의 결과에 호들갑을 떨었다.

"비커에 든 물의 양은 줄어들고, 깔때기에 든 설탕물은 양이 늘어났어요!"

"깔때기는 막혀 있는데! 이거 마술인가요?"

"흐흐, 마술이 아니라 과학이란다! 비밀은 셀로판막에 있어."

"셀로판막이요? 셀로판지 아니에요?"

"비슷하지만 달라. 둘 다 우리 눈에 보이지 않는 구멍이 있는데, 셀로판막은 셀로판지보다 작고 일정한 크기의 구멍이 있어. 물은 알갱이의 크기가 작아서 이 구멍을 통과할 수 있지만, 설탕은 알갱이의 크기가 커서 통과할 수 없어."

"그럼 비커에 있던 물이 셀로판막을 통과해서 깔때기 속으로 들어간 거예요?"

"맞아. 그런데 물이 셀로판막을 통과해 이동하려면 특별한 조건이 갖춰져야 해."

"어떤 조건인데요?"

"셀로판막을 사이에 둔 두 용액의 진하기가 서로 달라야

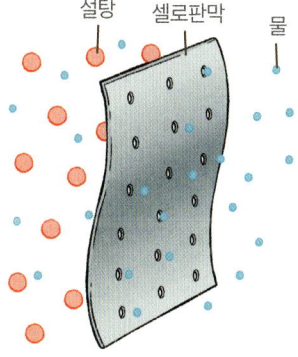

▲ 셀로판막에 있는 작은 구멍
물 알갱이는 통과할 수 있지만 설탕 알갱이는 통과할 수 없어.

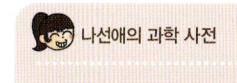

용액 두 가지 이상의 물질이 고르게 섞여 있는 물질을 말해.

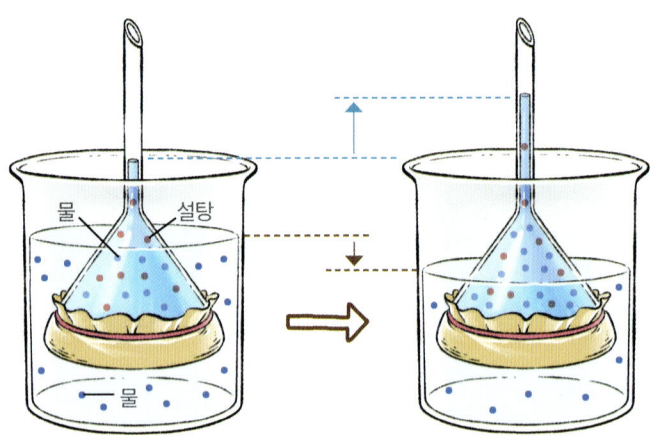

▲ **삼투 현상** 비커의 물이 셀로판막을 통과해 깔때기 속 설탕물 쪽으로 이동해서 비커의 물이 줄고 깔때기의 물이 늘어.

하지. 이 실험에서는 설탕을 녹인 물이 아무것도 녹이지 않은 물보다 진해. 즉, 설탕물은 진한 용액이고 물은 연한 용액이야. 이때 두 용액 사이를 셀로판막으로 막아 두면, 연한 용액 쪽에서 진한 용액 쪽으로 물이 이동한단다. 이 현상을 '삼투'라고 해."

나선애가 노트 필기를 멈추며 말했다.

"그럼 배추가 소금에 절여지는 것도 삼투 때문인가요?"

"그렇지! 배추의 표피 세포도 셀로판막처럼 작은 구멍이 있는 막으로 둘러싸여 있거든. 소금을 뿌린 바깥쪽이 배추 안에 있는 물보다 진한 쪽이라서 배추에 있는 물이 밖으로 빠져나온 거야."

"오호, 삼투! 정말 신기한 현상이네요."

"뿌리가 물을 흡수하는 것도 마찬가지야. 뿌리 안쪽은 식물이 살아가는 데 필요한 양분이 들어 있어서 흙 속 물보다 진하지. 그래서 흙에 있던 물이 표피 세포의 막을 지나 뿌리 안쪽으로 이동하는 삼투 현상이 일어난단다. 이렇게 뿌리가 물을 흡수하는 거야!"

용선생의 과학 현미경

무기 양분은 식물 뿌리에서 물이 흡수될 때 물에 녹은 채 함께 흡수돼.

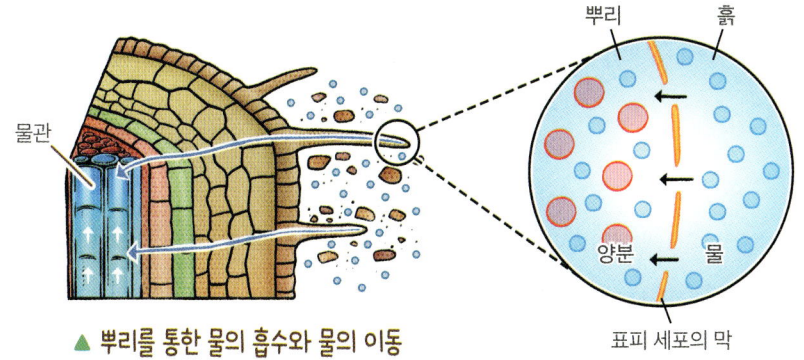

▲ 뿌리를 통한 물의 흡수와 물의 이동

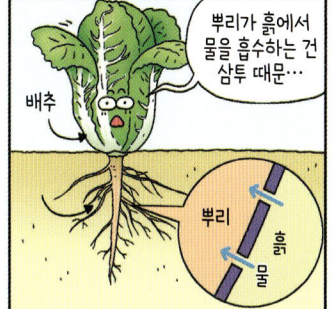

고개를 끄덕이던 왕수재가 물었다.

"뿌리가 흡수한 물은 어떻게 되나요?"

"뿌리 안쪽으로 들어와서 물관을 통해 식물의 온몸으로 옮겨져."

그때 갑자기 장하다가 눈을 감고 웃으며 말했다.

"물을 흡수하는 얘기만 했더니 갑자기 나도 목마르다."

"야, 장하다. 눈 감고 조는 거야?"

"아니, 내가 식물이 된 상상을 하는 중이야."

"식물이 되어서 뭘 하는데?"

"목이 마를 때, 뿌리로 콜라를 흡수하는 거야. 아니면 사이다나 주스? 헤헤."

핵심정리

뿌리는 삼투에 의해 흙에 있는 물을 흡수해.

나선애의 정리노트

1. 뿌리의 생김새
① ⓐ [　　　] : 각각의 뿌리가 수염처럼 가늘고 굵기가 서로 비슷함.
② 곧은뿌리: 가운데에 굵은 중심 뿌리가 있고 가는 뿌리들이 가지처럼 뻗음.

2. 뿌리의 구조
- ⓑ [　　　]
- ⓒ [　　　]
- 체관 ┐ 관다발
- 물관 ┘
- 표피
- 뿌리골무

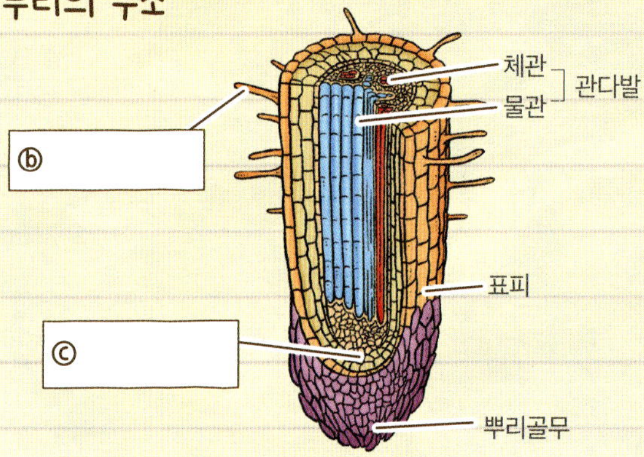

3. 뿌리가 하는 일
① 식물의 몸을 지탱함.
② 양분을 저장함.
③ 물과 무기 양분을 ⓓ [　　　] 함.
 · ⓔ [　　　] 에 의해 일어남.

ⓐ 수염뿌리 ⓑ 뿌리털 ⓒ 생장점 ⓓ 흡수 ⓔ 뿌리

 과학퀴즈 달인을 찾아라!

●정답은 115쪽에

01

친구들이 이번 시간에 배운 내용에 대해 이야기하고 있어. 옳으면 O, 옳지 않으면 X를 표시해 줘.

① 고구마는 양분이 저장된 뿌리야. (   )
② 뿌리골무는 뿌리를 길게 자라게 하지. (   )
③ 물은 삼투에 의해 흙에서 뿌리 속으로 이동해. (   )

02

아래 [힌트]를 보고 네모칸에서 뿌리에 대한 단어 세 개를 찾아서 동그라미로 표시해 줘. 정답은 가로, 세로, 대각선으로 찾으면 돼.

[힌트]
① 뿌리 제일 바깥 부분을 말해. ☐☐
② 뿌리 겉 부분에 있는 세포가 길게 자란 것으로, 털처럼 생겼어. ☐☐☐
③ 뿌리를 길게 자라게 하는 부분을 말해. ☐☐☐

표	뿌	이	참
피	부	리	새
석	회	수	털
탄	생	장	점

| 용선생의 과학 카페 | 용선생의 한국사 카페 | 용선생의 세계사 카페 |

← https://cafe.naver.com/yongyong

용선생의 과학 카페

과학계의 핵인싸,
용선생의 과학 카페에
오신 걸 환영합니다.

[Log in]

MENU
물리면 아프다
화학이 화하하
생물 오징어
지구는 둥글다

식물 뿌리 기네스북

식물의 뿌리는 땅속에서 뻗는 넓이와 깊이가 매우 다양하단다. 뿌리와 관련된 놀라운 기록을 살펴볼까?

WORLD RECORD #1 가장 넓게 뻗은 뿌리

미국 유타주에 있는 '판도'라는 숲에는 47,000그루 이상의 사시나무가 있는데, 이 나무들은 뿌리가 모두 연결되어 있어. 땅속에서 뻗어 나가던 뿌리가 새로운 나무줄기를 만들어 땅 위로 내보내면 또 다른 나무가 돼. 이런 식으로 수많은 나무가 자라며 숲을 이루었지. 숲 전체가 거대한 나무 하나인 셈이야. 판도 숲에서 나무들의 뿌리가 뻗어 있는 넓이는 축구 경기장 60개 넓이에 달해.

▼ 판도 숲의 사시나무

이게 모두 나무 하나라고?

WORLD RECORD #2 가장 깊게 자란 뿌리

남아프리카공화국 림포포 지역의 숲에는 '양치기 나무'라는 이름의 나무가 자라. 이 나무의 키는 10m 정도이지만, 뿌리는 무려 땅속 68m까지 뻗어 있대!

▲ 림포포 지역의 양치기 나무

WORLD RECORD #3 가장 오래된 뿌리

스웨덴 풀루피엘레트 국립공원에는 아주 오래된 가문비나무가 있어. 이 나무의 줄기 부분은 600년 정도 되었는데 뿌리는 무려 9,500년 이상 된 것으로 밝혀졌어. 환경이 변하면서 줄기 부분이 죽어도 땅속 뿌리는 계속 살아서 새로운 줄기를 뻗고 오랜 시간 살아온 거야.

◀ 가장 오래된 뿌리를 가진 가문비나무
이 나무를 보호하기 위해, 공원 안 나무가 있는 정확한 위치는 비밀이래!

- 장하다의 오답을 피하는 방법
- 나선애의 야무진 실험실
- 왕수재의 아는 척 과학교실
- 허영심의 별 헤는 밤
- 곽두기의 빅뱅 따라잡기

COMMENTS

- 나도 뿌리 기네스북에 오를 거야.
  └ 어떤 걸로?
  └ 엉덩이에 '뿔'이 나는 걸로!
  └ 어휴, 정말 못 말려!

3교시 | 줄기

나무의 나이테는 어떻게 생길까?

우아! 나이테가 엄청 잘 보인다.

킥킥. 여기 있으면 아무도 못 찾겠지?

"얘들아, 이것 봐. 방학 때 수목원에 가서 찍은 사진이야."

아이들은 장하다가 내민 사진을 들여다보았다.

"이야! 무지 큰 나무를 잘랐나 봐."

"응. 오래돼서 쓰러진 나무래. 나이테도 엄청 많아서 세다가 그만뒀잖아."

"하다 형, 나이테는 어떻게 생기는 거야?"

"흠, 글쎄. 나무가 나이를 먹으면 저절로 생기나? 나도 잘 모르겠어."

그때 용선생이 고개를 쑥 들이밀었다.

"짠! 나이테가 어떻게 생기는지 궁금하다고? 그러면 지금부터 그 비밀을 알아볼까?"

"좋아요. 나이테의 비밀을 찾아 출발!"

줄기 속은 어떻게 생겼을까?

"나이테는 주로 크게 자란 나무를 잘랐을 때 잘 보이지? 나무는 줄기가 자라면서 키도 자라고 둘레도 굵어져. 너희는 줄기가 무엇이라고 알고 있니?"

"줄기는 식물의 몸통이에요."

"뿌리랑 이어져 있어요!"

"그리고 줄기에서 가지랑 잎이 나요."

"그래. 지난 시간에 배웠듯이 줄기는 식물의 몸을 지탱하는 뼈대야. 또 뿌리와 잎을 연결하여 물과 양분을 옮기는 통로 역할도 하지. 줄기 속에도 뿌리처럼 물이 이동하는 물관과 양분이 이동하는 체관이 있어. 그리고 물관과 체관이 모여 관다발을 이루고 있지."

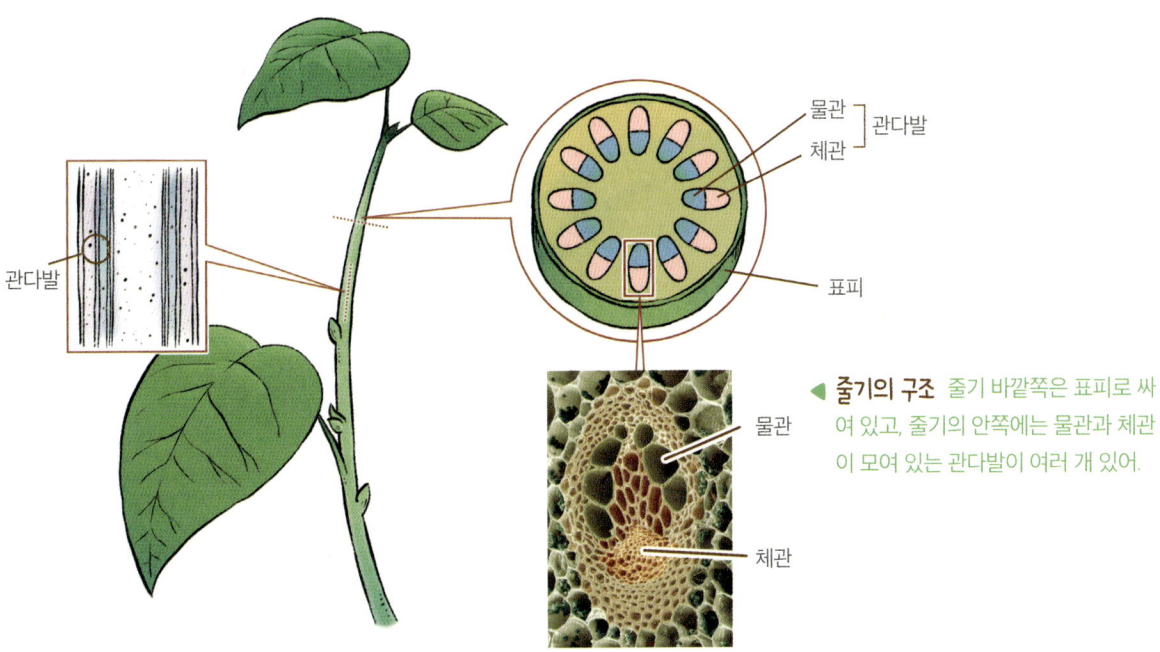

◀ **줄기의 구조** 줄기 바깥쪽은 표피로 싸여 있고, 줄기의 안쪽에는 물관과 체관이 모여 있는 관다발이 여러 개 있어.

"참, 뿌리에 관다발이 있다고 하셨죠?"

"맞아. 뿌리 가닥 하나하나에 모두 관다발이 있는데, 이것들이 모두 줄기에 연결되어 있지. 그래서 줄기에는 관다발이 아주 많아. 근데 관다발을 이루는 물관과 체관은 이동하는 물질이 다르다 보니 서로 특성이 다르단다."

"어떻게 다른데요?"

"먼저 물을 옮기는 통로인 물관은 죽은 세포로 이루어져 있어."

"네? 살아 있는 식물 안에 죽은 세포가 있다고요?"

"응. 물관 세포는 생기자마자 바로 죽고 겉 부분에 있는 단단한 세포벽만 남아. 이 세포벽끼리 위아래로 연결되어 통로 역할을 하지. 물관에서 물은 뿌리가 있는 아래쪽으로부터 잎이 있는 위쪽으로 이동한단다."

> **용선생의 과학 현미경**
>
> 세포벽은 식물 세포의 가장 바깥에 있는데, 질긴 실 같은 물질이 여러 겹 겹쳐져서 세포를 보호해. 세포벽으로 이루어진 물관은 실제로 매우 단단해서 줄기를 지탱하는 역할도 한단다.

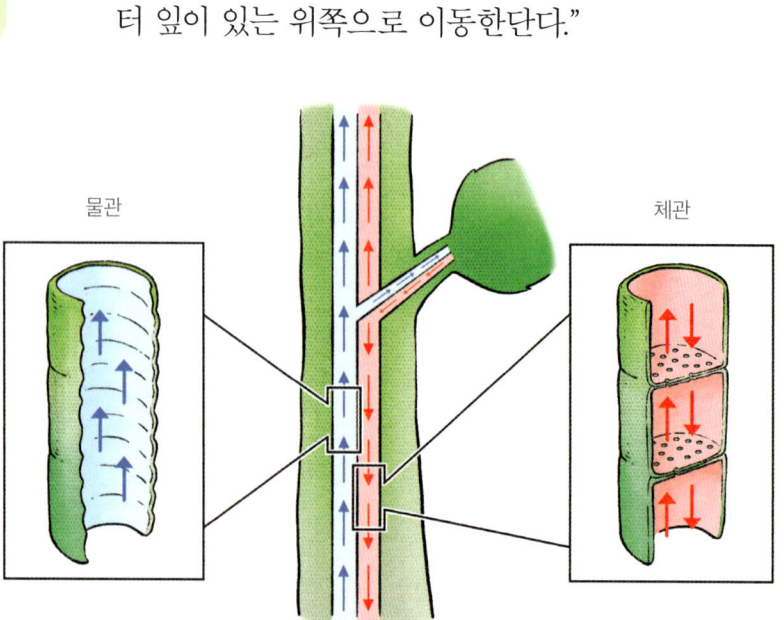

▲ 물관과 체관의 구조

"그럼 체관은요?"

"체관은 살아 있는 세포끼리 연결된 통로야. 체관 세포가 연결된 부분에는 작은 구멍이 여러 개 뚫려 있는데, 이 구멍으로 양분이 이동해. 잎에서 만들어진 양분은 위아래 양쪽으로 이동하며 식물의 온몸으로 퍼져."

"어, 체관 속 양분은 물관 속 물처럼 한 방향으로만 다니는 게 아니네요?"

"그렇지. 근데 그거 아니? 식물의 체관 속을 흐르는 양분의 정체는 바로 설탕물이란다. 진딧물은 줄기에 가느다란 주둥이를 꽂은 다음 체관에 있는 설탕물을 뽑아 먹어."

"우아! 체관에 흐르는 게 설탕물이라고요? 진딧물은 참 맛있는 걸 먹네요!"

▲ 진딧물은 먹고 남은 설탕물을 몸 밖으로 내보내.

핵심정리

줄기에는 관다발이 아주 많아. 관다발 속 물관에서는 뿌리에서 잎 쪽으로 물이 이동하고, 체관에서는 잎에서 온몸으로 양분이 이동해.

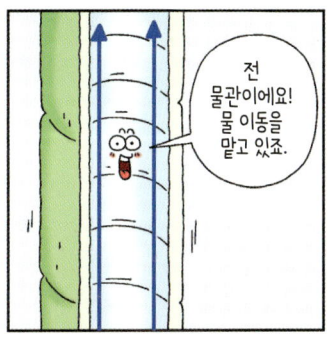

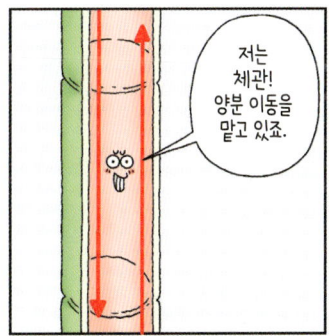

나이테의 정체는?

"하하, 줄기의 생김새를 살펴봤으니 이제 줄기가 어떻게 자라는지 알아보자. 지난 시간에 뿌리가 어떻게 자란다고 했는지 기억나니?"

"뿌리 끝에 있는 생장점이 뿌리를 자라게 해요."

용선생은 고개를 끄덕이며 화면을 띄웠다.

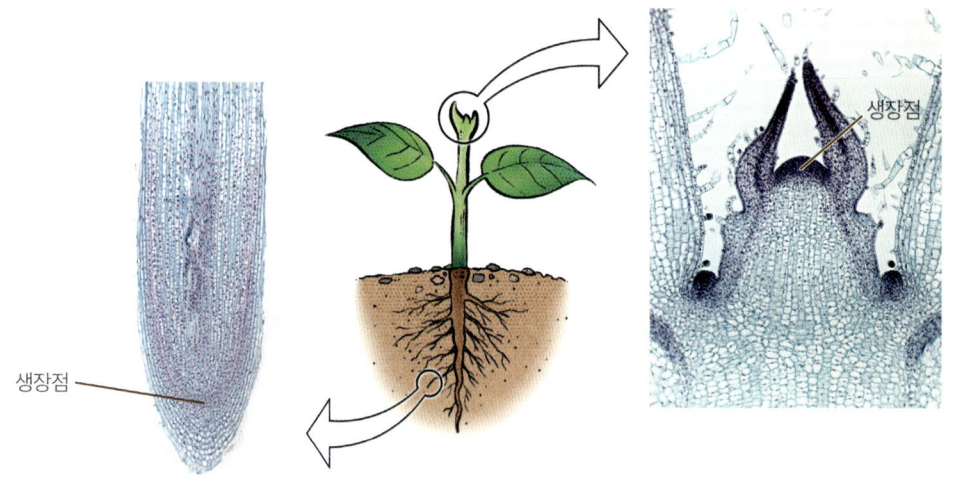

▲ 식물의 뿌리와 줄기 끝부분에 있는 생장점

"생장점은 뿌리 끝부분뿐만 아니라, 줄기의 꼭대기 부분에도 있단다. 줄기의 생장점에서 만들어진 새로운 세포는 아래쪽으로 조금씩 밀려 내려가며 차곡차곡 쌓이고 길게 늘어나. 이 과정이 반복되면서 줄기의 키가 자라는 거야."

나선애가 손을 들고 말했다.

"줄기는 키도 자라지만 둘레도 자라잖아요? 나무가 점점 굵게 자라는 것처럼요."

"맞아. 그래서 줄기 꼭대기뿐만 아니라 줄기 속에도 새로운 세포를 만드는 곳이 있어. 어디에 있는지 보여 줄게."

용선생은 화면을 바꿨다.

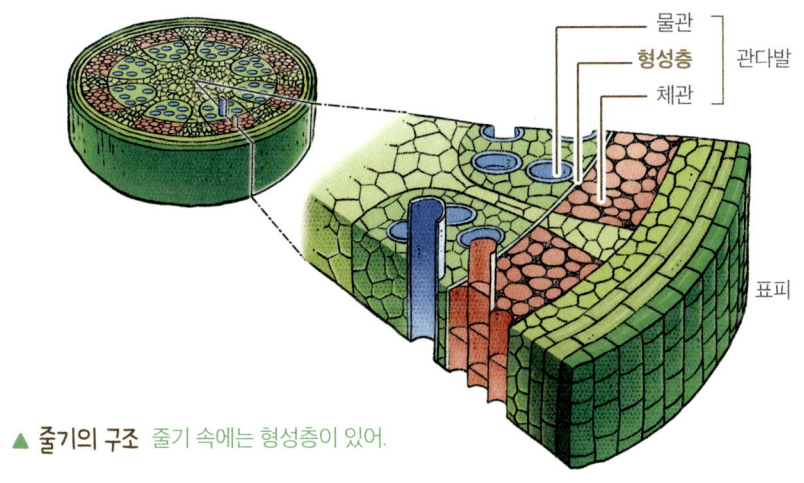

▲ **줄기의 구조** 줄기 속에는 형성층이 있어.

"줄기 속에는 새로운 세포를 만드는 곳이 띠처럼 층을 이루며 모여 있어. 이걸 '형성층'이라고 부르지. 형성층 안쪽으로는 물관 세포, 형성층 바깥쪽으로는 체관 세포가 새로 생겨. 이 과정이 계속 일어나면서 줄기가 굵어지지."

"왜 원래 있던 물관이랑 체관을 계속 쓰지 않고 새로 만들어요?"

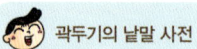
곽두기의 낱말 사전

수명 생물이 살아 있는 기간 또는 사물이 사용될 수 있는 기간을 뜻해.

"모든 세포는 정해진 수명이 있어서 일정한 시간이 지나면 더 이상 사용할 수 없어. 죽은 세포로 된 물관도 시간이 지나면 물을 이동시키지 못해서 새로 만들어져야 하지. 체관도 마찬가지이고."

용선생이 화면을 바꾸고 말을 이었다.

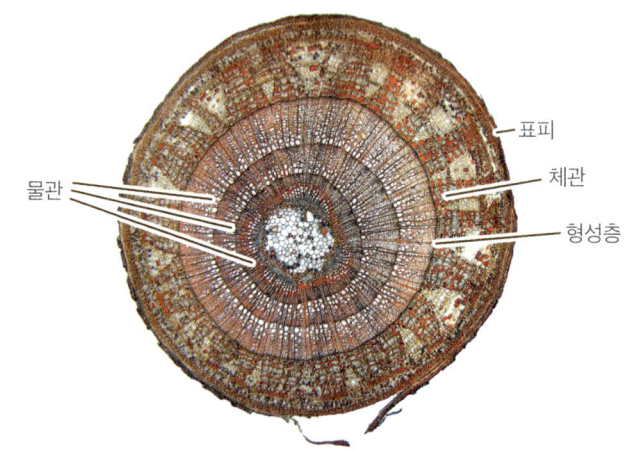

▲ **줄기의 단면** 형성층 안쪽에 물관, 바깥쪽에 체관이 있어.

"원래 있던 체관은 새로 만들어진 체관에 밀려나다가 표피 안쪽에서 터져서 없어져. 그런데 물관은 단단한 세포벽으로 이루어져 있어서 없어지지는 않고 새로 생긴 물관에 밀려나기만 해. 이렇게 밀려난 물관이 줄기 안쪽에 계속 쌓인단다."

화면을 뚫어지게 쳐다보던 허영심이 말했다.

"근데 이거 어디서 많이 봤는데……. 아하! 나무의 나이테 같아요."

그러자 용선생이 웃으며 대답했다.

"맞아! 물관 세포들이 줄기 안쪽에 쌓이면서 생긴 무늬가 바로 나이테란다."

"오래된 물관 세포가 쌓일 뿐인데 어째서 무늬가 생기는 거예요?"

 용선생의 과학 현미경

우리나라처럼 사계절이 뚜렷한 곳에 자라는 나무는 나이테의 색이 진한 부분과 연한 부분 한 쌍이 1년을 나타내. 반면 열대 지방처럼 계절이 뚜렷하지 않은 곳에서 자라는 나무는 1년에도 여러 개의 나이테가 만들어지거나 아예 만들어지지 않기도 해.

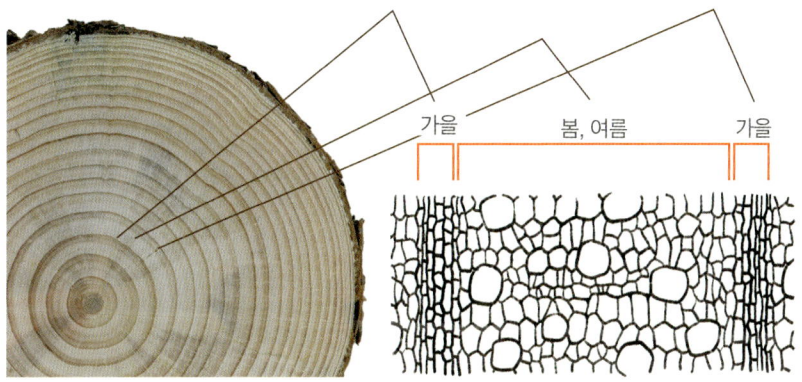

▲ 계절에 따른 물관 세포층의 두께 겨울에는 물관 세포가 만들어지지 않아.

"계절에 따라 물관 세포가 다르게 만들어지거든. 기온이 높고 비가 자주 오는 봄과 여름에는 형성층에서 세포 분열이 활발하게 일어나. 이때에는 물관 세포의 크기가 크고 세포벽이 얇지. 이러한 물관 세포가 있는 부분은 전체적으로 색이 연해."

"그럼 날씨가 추워지면요?"

"가을로 접어들어 기온이 낮아지고 비가 적게 내리면 세

포 분열이 덜 일어나. 이때에는 크기가 작고 세포벽이 두꺼운 물관 세포가 만들어져. 이 부분은 봄과 여름에 생긴 부분과 달리 색이 진하게 보여. 이렇게 생긴 진한 부분과 연한 부분 한 쌍을 나이테라고 부르지."

"오호, 그럼 가장 안쪽에 있는 나이테가 제일 오래된 물관이겠네요?"

"맞아. 이제 나이테에 대해서 확실히 알았지?"

 **핵심정리**

줄기 꼭대기에 있는 생장점은 줄기를 길게 자라게 하고, 줄기 속에 있는 형성층은 줄기를 굵게 자라게 해. 물관 세포가 줄기 안쪽에 여러 해 동안 쌓이면서 나이테가 생겨.

 ## 형성층이 없는 식물은?

곽두기가 쭈뼛거리며 일어나 물었다.

"그러면 풀 같은 식물에도 나이테가 있나요? 풀은 줄기가 엄청 가늘어서 나이테가 없을 것 같은데……."

"오, 두기가 아주 좋은 질문을 했어! 모든 식물의 줄기에 나이테가 있는 건 아니야. 형성층이 없어서 나이테가 생기지 않는 식물도 있거든. 형성층이 있는 나무들은 해마다 둘레가 자라지만, 풀처럼 형성층이 없는 식물들은 줄기 굵기가 거의 늘어나지 않아."

"형성층이 없어도 살 수 있나요?"

"물론이야. 형성층이 없을 뿐 관다발은 있으니까 물과 양분을 이동시킬 수 있거든. 형성층이 없는 식물의 줄기를 한번 살펴볼까?"

"네, 좋아요!"

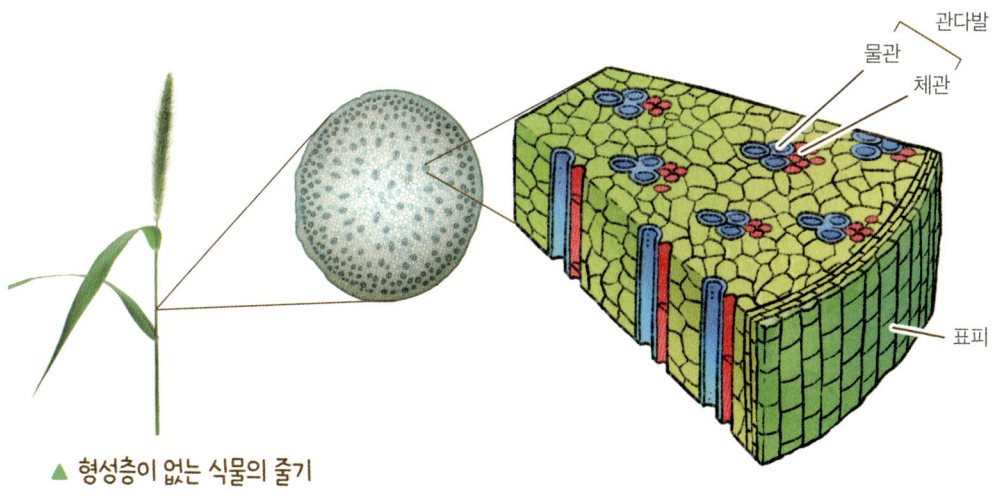

▲ 형성층이 없는 식물의 줄기

"형성층이 없는 식물의 줄기에는 물관과 체관으로만 이루어진 관다발이 여기저기에 퍼져 있어. 형성층이 없으니까 새로운 물관 세포와 체관 세포가 만들어지지 않아. 그

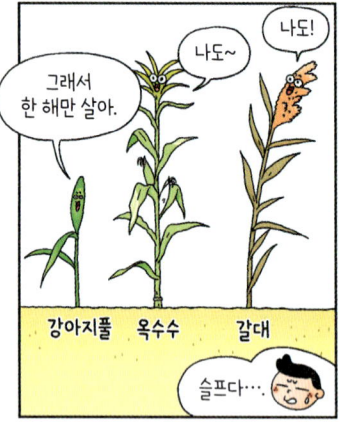

래서 다 자란 식물도 어린 식물과 줄기의 굵기가 거의 비슷하단다. 벼, 강아지풀, 갈대 같은 식물의 줄기가 이런 모습이지."

그러자 왕수재가 손을 들고 물었다.

"근데 물관과 체관은 어느 정도 시간이 지나면 더 이상 쓰지 못한다면서요? 형성층이 없어서 새로운 물관과 체관을 만들지 못하면 오래 살지 못하겠네요?"

"오호, 수재 말이 맞아. 그래서 형성층이 없는 식물은 보통 한 해만 사는 풀 종류가 대부분이지."

아이들이 공책에 필기하는 동안 장하다는 사진 속 나무를 들여다보며 숫자를 세었다.

"장하다, 너 뭐 해?"

"어, 나이테가 몇 개인지 다시 세어 보려고. 하나, 둘, 셋, 넷, 다섯……."

"어휴! 필기는 안 하고 딴짓하니? 못 말려, 정말!"

 **핵심정리**

형성층이 없는 식물은 새로운 물관과 체관을 만들지 않아. 그래서 줄기의 굵기가 거의 늘어나지 않고, 보통 한 해만 살아.

용선생의 과학 현미경

대나무의 키가 빨리 자라는 비결은?

대나무는 지구상에서 가장 빨리 자라는 식물이야. 땅 위로 나온 대나무 새싹을 죽순이라고 하는데, 죽순은 하루에 10cm 정도 자라고 사는 곳에 따라 하루에 60cm까지 자라기도 해. 그 결과 대나무는 단 몇 주 만에 10m가 넘게 자란단다. 이렇게 대나무가 빨리 자라는 비결은 뭘까?

대나무는 여러 해를 살아가는 식물이지만 나이테가 없고 줄기 속이 비어 있어. 또 줄기의 굵기도 거의 늘어나지 않고 일정하지. 한 마디로, 대나무는 형성층이 없다는 얘기야! 대신 대나무는 줄기 꼭대기 말고도 수많은 생장점을 가지고 있지. 생장점이 어디에 있냐고?

죽순 안에는 수십 개의 마디가 있는데, 바로 이 마디마다 생장점이 있단다. 마디의 생장점에서 세포가 분열하여 위쪽으로 자라면, 마디와 마디 사이의 간격이 길어져. 수십 개의 마디에 있는 생장점에서 줄기가 동시에 자라니까 대나무의 키가 빨리 자라는 거야!

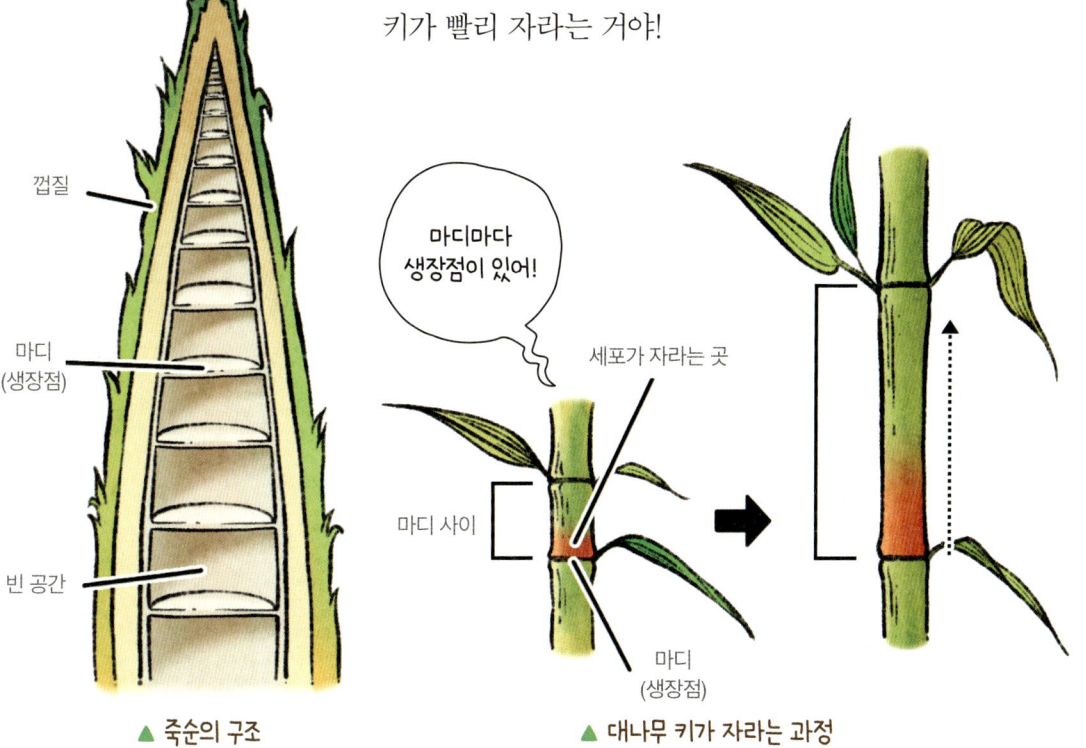

▲ 죽순의 구조 ▲ 대나무 키가 자라는 과정

나선애의 정리노트

1. 줄기의 구조
① 물이 이동하는 물관과 양분이 이동하는 ⓐ   이 있음.
② 물관과 체관이 모여 ⓑ   을 이룸.

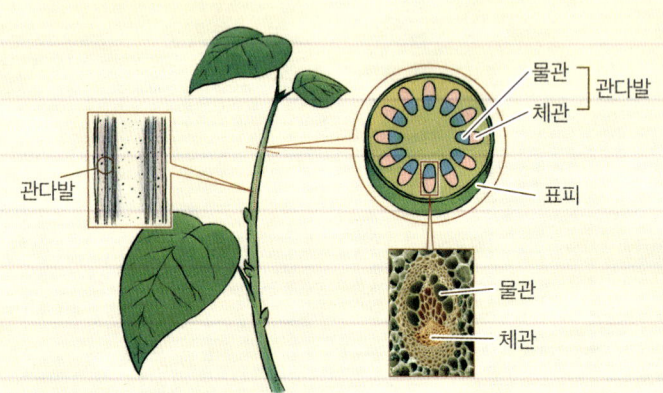

2. 줄기의 역할
① 식물의 몸을 지탱하는 뼈대
② 뿌리와 잎을 연결하여 ⓒ   과 양분을 옮기는 통로

3. 줄기의 생장
① 길이: 꼭대기에 있는 생장점에서 세포가 분열하고 쌓여서 자람.
② 둘레: 줄기 속에 있는 ⓓ   에서 새로운 물관 세포와 체관 세포를 만들어 내서 자람.
  · 나이테: ⓔ   세포가 줄기 안쪽에 쌓이면서 생긴 무늬

ⓐ 물관 ⓑ 관다발 ⓒ 물 ⓓ 부름켜 ⓔ 물관

 과학퀴즈 달인을 찾아라!

●정답은 115쪽에

01

친구들이 이번 시간에 배운 내용에 대해 이야기하고 있어. 옳으면 O, 옳지 않으면 X를 표시해 줘.

① 물관은 살아 있는 세포로 이루어진 통로야. (　　)
② 줄기 꼭대기에도 뿌리 끝처럼 생장점이 있어. (　　)
③ 형성층이 없는 식물은 나이테를 만들지 않아. (　　)

02

왕수재가 나이테를 만드는 식물을 찾고 있어. 나이테를 만드는 식물에 대한 옳은 설명을 따라가면 찾을 수 있대. 왕수재를 도와줘!

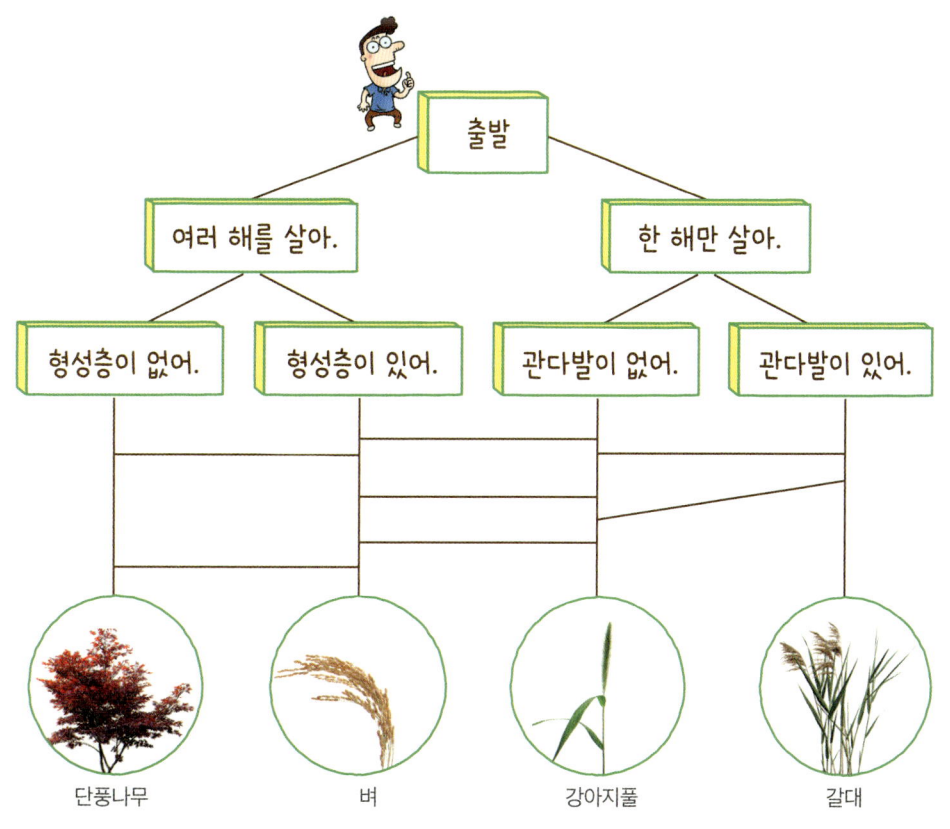

| 용선생의 과학 카페 | 용선생의 한국사 카페 | 용선생의 세계사 카페 | |

    ← https://cafe.naver.com/yongyong

용선생의 과학 카페

과학계의 핵인싸,
용선생의 과학 카페에
오신 걸 환영합니다.

[Log in]

말풍선: 오늘은 어떤 재미난 지식을 올려 볼까?

MENU
- 물리면 아프다
- 화학이 화하하
- 생물 오징어
- 지구는 둥글다

식물이 위아래를 구분할 수 있다고?

 선생님! 며칠 전에 넘어진 화분을 그대로 두었더니 줄기가 위로 휘었어요!

 식물의 줄기는 항상 빛을 향해 자라서 그래. 바로 '옥신'이라는 물질 때문이지.

 옥신이란 게 빛이랑 무슨 상관이죠?

 옥신은 식물 세포를 크게 자라게 하는 물질인데, 빛이 비치는 방향의 반대쪽으로 몰리는 성질이 있어. 옥신이 많은 쪽은 옥신이 적은 쪽보다 훨씬 크게 자라니까 결국 줄기의 아랫면이 윗면보다 더 많이 늘어나게 되지. 그러면 줄기가 빛을 향해 위로 휜단다.

 우아! 너무 신기해요!

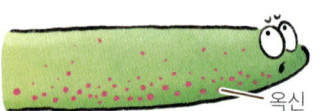 

옥신이 빛 반대쪽에 몰려. 옥신 세포가 크게 자라.

뿌리에서도 비슷한 일이 일어나. 이걸 보렴.

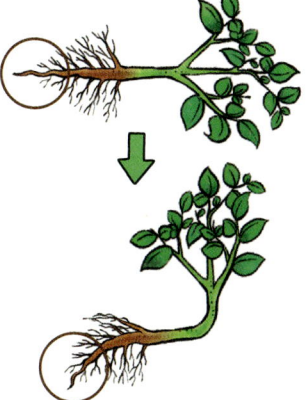

 오호, 뿌리도 휘었어요! 근데 줄기와는 반대로 땅 쪽으로 휘었는데요?

 잘 봤어. 줄기와 반대로 뿌리는 항상 아래로 자란단다.

 어째서요?

 뿌리의 생장점을 보호하는 뿌리골무 기억하지? 뿌리골무의 세포에는 늘 세포 바닥에 가라앉는 '평형석'이라는 알갱이가 있어. 뿌리가 기울어지면 평형석은 새로운 바닥 쪽으로 가라앉아. 그러면 주변 세포도 새로운 바닥 쪽을 향해 자라고, 뿌리가 결국 땅속을 향하게 되지.

사이드바:
- 장하다의 오답을 피하는 방법
- 나선애의 야무진 실험실
- 왕수재의 아는 척 과학교실
- 허영심의 별 헤는 밤
- 곽두기의 빅뱅 따라잡기

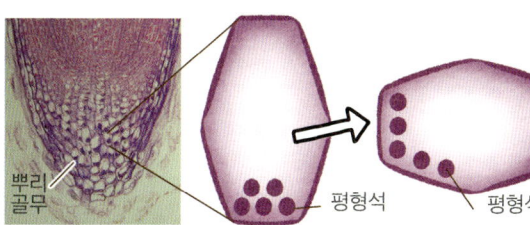

평형석이 세포 바닥에 가라앉아 있어. / 뿌리가 기울어지자 평형석이 새로운 바닥 쪽으로 가라앉아. / 뿌리가 새로운 바닥 쪽을 향해 자라.

COMMENTS

 내 이마에도 평형석이 있나 봐.
 그러면 어떻게 되는데?
 이마가 책상에 닿아.
 엎드려 자려고 핑계 대지 마!

4교시 | 증산 작용

온실 안이 뿌연 까닭은?

우아, 멋진 온실이다!

뿌연 게 꼭 안개 낀 것 같아.

"어? 과학실에 이런 화분이 있었나?"

"아니, 처음 봐. 누가 갖다 놨나? 나보다도 키가 크네!"

"그러게. 잎도 무지 크고 많아!"

화분을 둘러싸고 얘기하는 아이들에게 용선생이 다가와 말했다.

"요즘 과학실이 너무 건조해서 갖다 놓은 식물이야."

"이 식물이 있으면 건조한 게 나아지나요?"

"그럼. 실내에 잎이 많은 식물이 있으면 주변 공기가 조금 촉촉해지거든."

곽두기가 눈을 크게 뜨며 물었다.

"식물이랑 공기가 촉촉해지는 게 무슨 상관인데요?"

"오호, 이번 시간에 그걸 알아보면 어떨까?"

"좋아요!"

잎은 이렇게 생겼어

"식물 주변 공기가 촉촉해지는 건 식물의 잎과 관련이 있어. 그러니까 먼저 잎의 생김새를 알아보면 이해하는 데 도움이 될 거야."

용선생은 화분에 있는 식물의 잎을 가리키며 말했다.

"잎은 잎몸, 잎자루, 턱잎으로 이루어져 있어. 우리가 흔히 잎이라고 부르는 부분은 잎의 대부분을 차지하는 잎몸이야. 잎몸은 잎자루를 통해 줄기와 연결되어 있지. 잎자루 끝에 있는 작은 잎사귀인 턱잎은 줄기에서 잎이 돋아날 때 어린잎을 감싸 보호해."

"잎몸 위에 나 있는 선 같은 건 뭐예요?"

"그건 잎맥이라고 해. 뿌리와 줄기에 있던 관다발 기억하지? 잎에도 관다발이 있는데, 그게 바로 잎맥이야. 잎맥은 마치 뼈대처럼 잎몸을 지탱하고 있어. 만약 잎맥이 없다면 잎몸은 흐늘흐늘하게 늘어질 거야. 잎맥은 잎의 앞면보다 뒷면에서 더 잘 보여."

"어, 잎에 앞면과 뒷면이 있어요?"

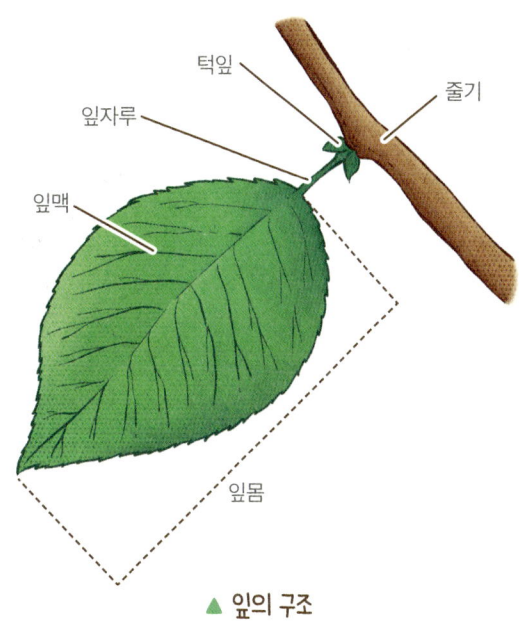
▲ 잎의 구조

 용선생의 과학 현미경

턱잎은 식물에 따라 모양과 크기가 다르고, 아예 없는 식물도 있어.

"하하, 언뜻 보기에 똑같은 것 같지만 자세히 보면 다르단다. 잎을 잘 살펴보렴."

▲ 잎의 앞면(왼쪽)과 뒷면(오른쪽)

"한쪽은 반짝거리고 매끈한데, 다른 한쪽은 매끈하지 않고 우둘투둘해요."

"잘 봤어. 반짝거리고 매끈한 면이 잎의 앞면이야. 큐티클층이 표피를 덮고 있어서 그렇게 보인단다. 큐티클층은 햇빛을 많이 받는 잎 앞면을 감싸서 잎 속의 물이 마르지 않게 막고, 외부의 나쁜 물질이나 충격으로부터 잎을 보호해."

"큐티클층은 잎 앞면에만 있어요? 뒷면은요?"

"잎 뒷면은 큐티클층이 아주 얇거나 거의 없어서 매끈하지 않아. 잎 뒷면의 가장 큰 특징은 표피에 구멍이 많이 있다는 거야. 이걸 기공이라고 해."

"잎에 구멍이 나 있다고요?"

용선생의 과학 현미경

큐티클층은 기름 성분의 왁스가 쌓여 있는 층으로, 큐티클층이 두꺼울수록 잎이 반짝이고 두껍지. 곤충의 겉껍질이 매끈하고 반질반질하게 보이는 것도 큐티클층이 있어서야.

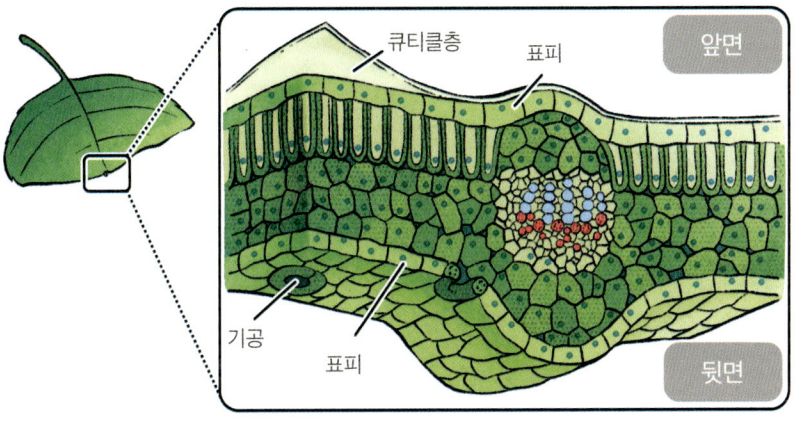

▲ **잎의 구조** 잎의 앞면은 큐티클층으로 싸여 있고, 뒷면에는 기공이 있어.

잎은 잎몸, 잎자루, 턱잎으로 이루어져 있어. 잎몸의 뼈대 역할을 하는 잎맥에는 관다발이 뻗어 있지. 잎의 앞면은 큐티클층으로 싸여 있고, 뒷면에는 기공이 있어.

 ## 기공에서는 어떤 일이?

"그렇단다. 잎에 있는 기공이 바로 공기를 촉촉하게 하는 것과 관련이 있지. 너희들 혹시 뿌리에서 흡수한 물이 어떻게 되는지 기억나니?"

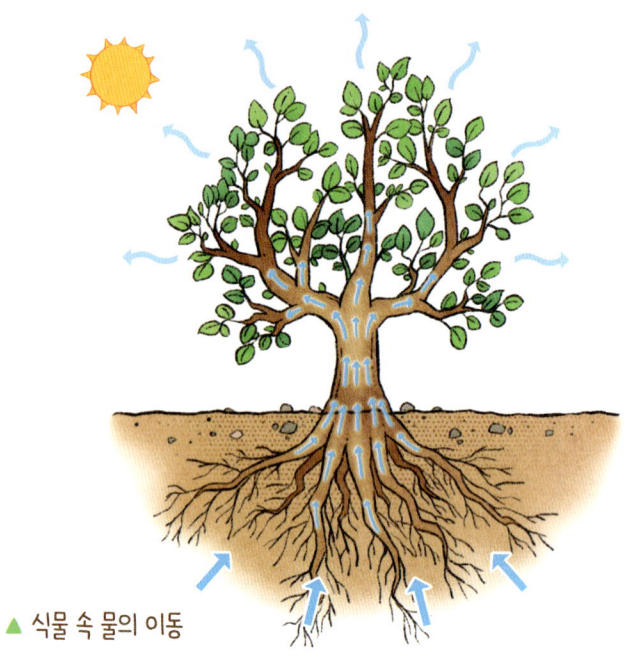

▲ 식물 속 물의 이동

왕수재가 재빨리 손을 들고 말했다.

"뿌리에서 흡수한 물은 줄기를 통해 잎으로 가요."

"그렇지. 잎으로 온 물은 양분을 만드는 데 쓰이기도 하지만, 대부분 기공을 통해 공기 중으로 빠져나가."

"아하, 기공으로 물이 나오는군요."

"그래. 식물이 많은 온실 안이 뿌옇게 보이는 것도 기공에서 나온 물 때문이지. 이렇게 식물의 잎에서 기공을 통해 공기 중으로 물이 빠져나가는 걸 '증산 작용'이라고 해."

장하다가 화분의 잎을 살피며 말했다.

"지금은 기공에서 물이 안 나오나요? 잎 뒷면에 물기가 없는데요."

▲ 식물의 잎에 비닐봉지를 몇 시간 씌워 놓으면, 증산 작용으로 나온 물이 비닐봉지에 맺혀.

"하하, 눈으로는 볼 수 없어. 기공에서 물은 증발하여 수증기 상태로 빠져나가거든."

"근데 잎 뒷면 어디에 구멍이 있어요? 아무리 봐도 안 보이는데……."

"기공은 너무 작아서 맨눈으로 볼 수 없어. 현미경으로 봐야 보이지."

"기공이 어떻게 생겼는데요?"

"기공은 입술처럼 생긴 두 개의 세포로 둘러싸여 있는데, 이 세포를 공변세포라고 해. 공변세포 두 개는 양쪽 끝부분이 서로 붙어 있고, 가운데 부분이 벌어지면서 구멍이 생겨. 이 구멍이 바로 기공이야. 가운데 부분이 오므려지면 기공이 닫히고, 벌어지면 기공이 열리지."

"왜 기공은 열렸다 닫혔다 하는 거예요? 계속 열어 놓으면 편하잖아요."

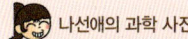

증발 액체 상태의 물질이 표면에서 기체 상태로 변하는 현상을 말해.

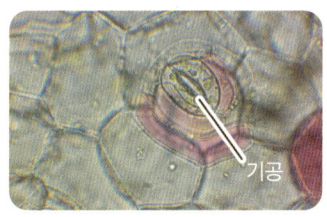

▲ 현미경으로 관찰한 잎의 기공

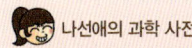

공변세포 구멍 공(孔) 곁 변(邊) 세포. 구멍 곁에 있는 세포라는 뜻 그대로 식물의 기공을 이루는 세포를 말해.

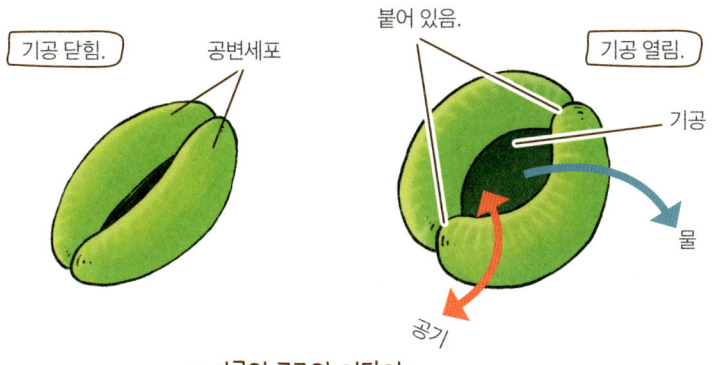

▲ 기공의 구조와 여닫이

"하하, 기공을 항상 열어 놓으면 물이 계속 빠져나가서 식물에 물이 부족해질 거야. 그렇다고 기공을 닫고만 있으면, 식물에 필요한 공기가 드나들지 못하지."

"오호! 기공으로 공기가 드나들어요?"

"응. 지난번에 잎에서 햇빛을 받아 양분을 만든다고 했던 말 기억하지? 이때 잎이 양분을 만들려면 이산화 탄소가 필요해. 잎은 기공으로 들어온 공기 중 이산화 탄소를 이용하는 거야."

"기공이 없다면 식물이 양분을 만들 수 없겠네요?"

"그렇지. 그래서 기공은 몸속이나 외부 환경에 따라 열렸다 닫혔다 해."

"언제 열리고 언제 닫히는데요?"

"만약 비가 오지 않아서 뿌리가 충분히 물을 흡수하지 못하면 식물의 몸속에 물이 부족하겠지? 이때는 기공을 닫아서 증산 작용을 멈춰. 몸속의 물이 빠져나가지 못하게 말이야."

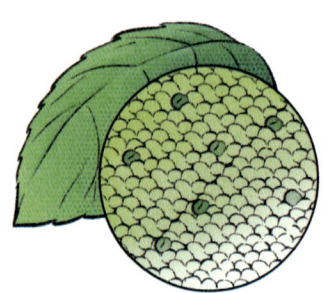

▲ 물이 부족할 때에는 기공이 닫혀.

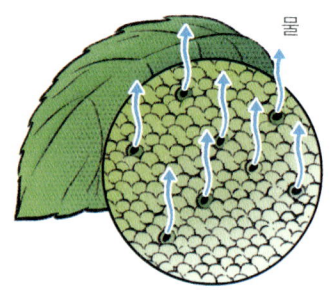

▲ 아침이 되어 햇빛을 쬐면 기공이 열려.

"기공이 열리는 경우는요?"

"예를 들어 식물이 아침에 햇빛을 쬐면 기공이 열리지."

핵심정리

수증기가 잎에 있는 기공을 통해 공기 중으로 빠져나가는 걸 증산 작용이라고 해. 기공은 두 개의 공변세포가 붙으면 닫히고 벌어지면 열려.

 용선생의 과학 현미경

기공은 어떻게 열리고 닫힐까?

공변세포가 벌어지고 붙는 원리는 무엇일까? 그건 바로 지난 시간에 배웠던 삼투 때문이야. 공변세포와 주변에 있는 표피 세포 사이에 용액의 진하기가 달라서 물이 이동하거든.

먼저 공변세포에 주변 세포보다 양분이 많아지면 공변세포 안에 있는 용액이 주변 표피 세포 속 용액보다 진해져. 그러면 삼투 때문에 주변 세포에서 공변세포로 물이 들어와서 공변세포가 부풀게 돼.

공변세포가 부풀면서 모양도 변해. 공변세포가 맞닿은 안쪽 세포벽은 바깥쪽 세포벽보다 몇 배나 두꺼워서 잘 늘어나지 않아. 반면 바깥쪽은 안쪽보다 많이 늘어나지. 이때 공변세포는 바나나처럼 휘게 돼. 그러면 두 개의 공변세포 안쪽에 공간이 생기며 기공이 열린단다.

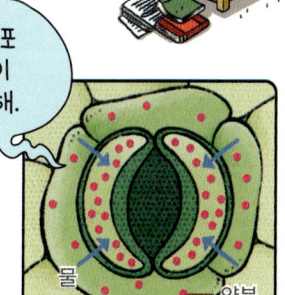

▲ 기공이 열릴 때

반대로 공변세포보다 주변 세포에 양분이 많으면, 공변세포에서 주변 세포로 물이 빠져나가고 공변세포는 원래 모양대로 돌아와. 기공이 닫힌 거야.

▲ 기공이 닫힐 때

 증산 작용은 왜 중요할까?

나선애가 고개를 끄덕이며 말했다.

"기공은 식물의 상태나 주변 환경에 정말 민감하게 반응하는 것 같아요."

"맞아! 식물에게 증산 작용은 매우 중요하거든."

"증산 작용이 식물에게 그렇게 중요한 일인가요?"

"그럼! 엄지손톱만 한 넓이의 잎에만 해도 수만 개가 넘는 기공이 있어. 식물 전체로 보면 어마어마하게 기공이 많겠지? 그 많은 기공에서 증산 작용이 일어난다고 생각해 봐."

"헉! 정말 많네요. 그러면 물도 엄청나게 많이 빠져나가겠네요?"

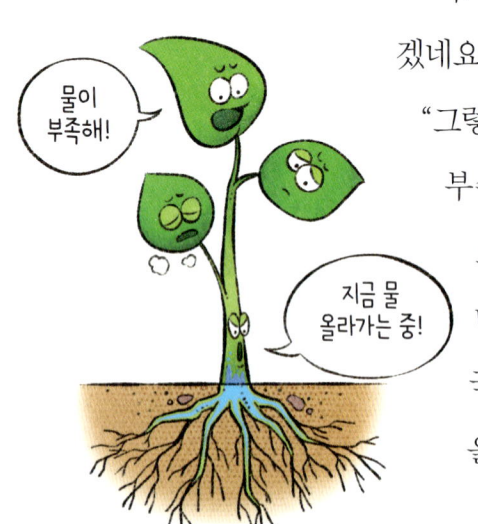

"그렇단다. 수많은 기공에서 물이 빠져나가 잎에 물이 부족해지면 그곳을 메우기 위해 줄기에 있는 물이 잎으로 끌려와. 그러면 줄기에서 물이 빠져나간 곳을 메우기 위해 뿌리에 있는 물이 줄기로 끌려오지. 결국 잎에서 물을 끌어당기는 힘이 줄기와 뿌리의 물을 연속적으로 끌어올리는 셈이야."

"아하, 그래서 물은 뿌리가 있는 아래쪽에서 잎이

있는 위쪽으로 이동하는 거였군요?"

"맞아! 증산 작용 덕분에 아래에서 위로 물이 이동하지. 게다가 이 모든 과정은 식물이 따로 에너지를 쓰지 않아도 저절로 일어난단다."

"우아! 에너지를 안 쓰고 물을 끌어올리다니……. 식물은 편하겠네요."

"그뿐만이 아니야. 증산 작용이 일어나면 자연스레 잎의 온도도 조절돼."

"어떻게요?"

"이렇게 생각해 보자. 사람은 더울 때 땀을 흘리지? 아마 너희도 땀이 마를 때 조금 시원해지는 걸 느껴 봤을 거야. 이건 땀을 이루는 물이 증발하면서 주위의 열을 빼앗아 가기 때문이야."

"그러면 잎에서 물이 증발할 때에도 주위의 열을 빼앗아 가나요?"

"그렇지. 잎에서 증산 작용이 일어날 때, 물이 증발하면서 잎의 열을 빼앗아 가. 그래서 강한 햇볕이 내리쬐어도 잎의 온도가 높아지지 않고 일정하게 유지되지."

"우아! 조그만 구멍에서 일어나는 일치고는 정말 대단하네요!"

물이 빠져나가면서 잎의 온도가 유지되고

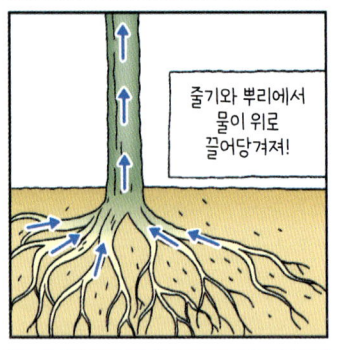
줄기와 뿌리에서 물이 위로 끌어당겨져!

이게 다 증산 작용 때문? 작은 구멍이 맵다!

햇빛이 강할 때

온도가 높을 때

공기 중 수증기가 적을 때

바람이 잘 불 때

▲ **증산 작용이 잘 일어나는 경우** 물이 증발하기 쉬울 때 증산 작용도 잘 일어나.

"그렇지? 마지막으로 한 가지 더! 증산 작용은 잎에서 물이 증발하는 현상이니까 물이 활발하게 증발하는 조건에서 증산 작용도 더욱 잘 일어난다는 것도 알아 두렴."

어느새 슬그머니 자리에서 일어난 곽두기는 화분 옆으로 갔다. 아이들은 잎사귀 아래에 얼굴을 가져다 대는 곽두기를 보고 놀란 표정을 지었다.

"두기야, 너 지금 뭐 하는 거야?"

"지금 코하고 목이 간질간질한 게 좀 건조한 것 같아서. 얘가 내뿜는 수증기라도 흡수하려고……."

아이들은 고개를 절레절레 흔들었다.

 **핵심정리**

증산 작용 덕분에 줄기와 뿌리의 물이 연속적으로 위로 끌어당겨지고, 잎의 온도가 일정하게 유지돼. 증산 작용은 물이 증발하기 쉬울 때 잘 일어나.

용선생의 과학 현미경

아마존 열대 우림 구름의 비밀

'열대 우림'이라고 들어 봤니? '열대'는 아주 덥고 비가 많이 오는 특정한 지역을 가리키는 말이고, '우림'은 비 우(雨), 수풀 림(林) 자를 써서 비가 많이 오는 숲 지역을 가리키는 말이야. 즉 열대 우림은 덥고 비가 많이 오는 숲 지대를 뜻하지.

그 이름처럼 열대 우림에는 거의 언제나 비구름과 안개가 껴 있어. 특히 남아메리카 대륙에 있는 아마존 열대 우림에는 비가 비교적 적게 내리는 시기에도 작은 구름을 많이 볼 수 있지. 이런 구름이 어떻게 생기는지 아니? 지금부터 그 이유를 알려 줄게.

▲ 구름 낀 아마존 열대 우림

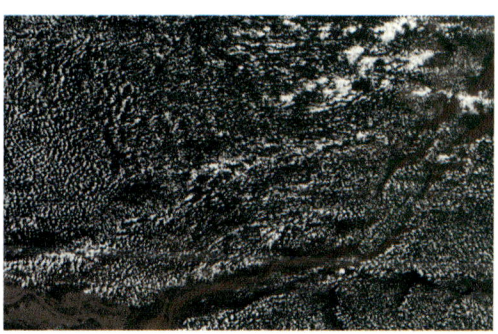
▲ 인공 위성에서 찍은 아마존 열대 우림의 작은 구름

식물이 많은 온실 안은 늘 뿌옇게 보여. 식물이 증산 작용으로 뿜어낸 수증기 때문이지. 아마존 열대 우림의 작은 구름도 바로 숲에 있는 수많은 나무들이 뿜어낸 수증기로 만들어진 거야. 식물이 뿜어낸 수증기로 구름이 만들어질 정도라니, 도대체 식물은 증산 작용으로 얼마만큼의 물을 내보내는 걸까?

식물마다 잎의 크기와 개수, 잎에 있는 기공의 개수가 달라서 증산 작용으로 내보내는 물의 양도 제각각이야. 밭에서 자라는 옥수수의 경우 하루 약 1.9 L(리터) 정도의 물을 내보내지만, 키가 큰 참나무는 하루에 400 L 이상을 내보낼 수 있어. 우유팩 큰 거 하나가 1 L 정도이니 400 L는 우유팩 400개나 되는 양이지. 심지어 12 m 정도 자란 단풍나무는 한 시간에 225 L의 물을 내보낸단다. 자, 열대 우림에 있는 수천억 그루의 나무가 증산 작용을 하면 구름이 생길 만도 하겠지?

나선애의 정리노트

1. 잎의 구조
① 잎몸, 잎자루, 턱잎으로 이루어짐.
② 앞면: ⓐ [   ] 으로 덮여 있음.
   뒷면: 표피에 ⓑ [   ] 이 있음.

2. ⓒ [   ]
① 잎에 있는 기공을 통해 수증기가 빠져나가는 현상.
② 두 개의 ⓓ [   ] 로 둘러싸인 기공이 열릴 때 일어남.

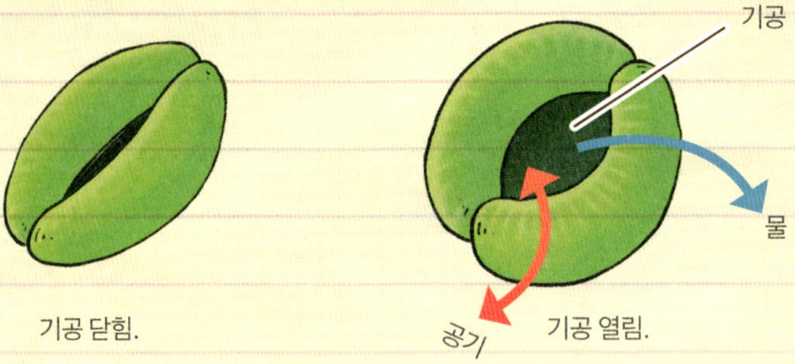

기공 닫힘. 　　　공기　기공 열림.　물　기공

3. 증산 작용이 중요한 까닭
① 잎에서 물이 빠져나가며 줄기와 뿌리의 ⓔ [   ] 이 위로 끌려옴.
② 잎의 온도를 일정하게 유지해 줌.

답 ⓐ 큐티클층 ⓑ 기공 ⓒ 증산 작용 ⓓ 공변세포 ⓔ 물

과학퀴즈 달인을 찾아라!

●정답은 115쪽에

01

친구들이 이번 시간에 배운 내용에 대해 이야기하고 있어. 옳으면 O, 옳지 않으면 X를 표시해 줘.

① 증산 작용은 잎에서 물이 빠져나가는 걸 말해. (　　)
② 증산 작용은 주로 잎 뒷면에 있는 기공에서 일어나. (　　)
③ 식물에 물이 부족할 때 기공이 열려. (　　)

02

아래 쪽지의 문장 속 괄호에 들어갈 말을 순서대로 이으면 어떤 모양이 나온대. 정답을 찾아서 어떤 모양이 나오는지 그려 봐.

> 뿌리에서 잎까지 이동한 물은 (　　)로 바뀌어 잎에 있는 구멍인 (　　)을 통해 공기 중으로 빠져나가는데, 이걸 (　　)이라고 해.

출발/도착 ●　　　　● 기공

증산 작용 ●　　　　● 수증기

 용선생의 과학 카페 | 용선생의 한국사 카페 | 용선생의 세계사 카페

https://cafe.naver.com/yongyong

용선생의 과학 카페

과학계의 핵인싸,
용선생의 과학 카페에
오신 걸 환영합니다.

[Log in]

MENU

물리면 아프다
화학이 화하하
생물 오징어
지구는 둥글다

잎의 변신은 무죄!

식물마다 뿌리와 줄기는 비교적 비슷하게 생겼지만, 잎은 모양과 크기가 아주 다양해. 이는 식물이 주어진 환경에서 살아남기 위해 적응한 결과란다. 놀라울 정도로 생김새가 특이한 잎을 함께 살펴보자!

건조한 곳에 사는 식물은 잎이 좁아서 증산 작용이 적게 일어나. 특히 선인장은 잎이 가시로 되어 있어서 증산 작용이 거의 안 일어나지.

▲ 선인장

식충 식물은 곤충을 먹고 무기 양분을 보충하며 살아가. 이런 식물들의 잎은 곤충을 잡는 덫처럼 생겼지.

▲ **케팔로투스** 뚜껑이 달린 통 모양의 덫으로 곤충을 잡아.

▲ **달링토니아** 동물의 혀처럼 생긴 입구와 풍선처럼 부푼 덮개가 있는 덫이 있어.

덩굴손

완두는 덩굴손으로 주변 식물을 붙잡고 위를 향해 자라. 이 덩굴손도 잎이 변해서 생긴 거란다.

◀ 완두

잎의 모양 대신 색깔을 바꾸는 식물도 있어. 많은 식물들이 눈에 잘 띄는 화려한 꽃으로 곤충을 끌어들여. 곤충이 꿀을 먹으면서 몸에 꽃가루를 묻혀 다른 꽃에 옮겨 줘야 씨가 만들어지거든. 그런데 어떤 식물들은 꽃의 크기가 작고 화려하지 않은 데다 향기도 거의 없어서 곤충을 불러 모으기가 힘들어. 그래서 곤충의 눈에 띄기 쉽게 꽃을 피울 때만 꽃 옆의 잎을 희거나 붉게 바꾼단다.

▲ **삼백초** 꽃 옆에 있는 잎이 꽃과 같은 흰색으로 변했어.

▲ **포인세티아** 꽃을 둘러싼 잎이 붉은색으로 변했어.

- 장하다의 오답을 피하는 방법
- 나선애의 야무진 실험실
- 왕수재의 아는 척 과학교실
- 허영심의 별 헤는 밤
- 곽두기의 빅뱅 따라잡기

와! 나도 변신할래!

COMMENTS

- 난 과학반의 꽃! 화려하게 변신해야지!
  └ 화나서 얼굴이 새빨개지려고?
  └ 화장실 안 가고 참으면 얼굴이 하얗게 질릴걸?
  └ 너희들 가만 안 둬!

아이들은 곽두기가 가져온 슈퍼히어로 대결 카드를 구경하고 있었다.

"이건 '그린맨'이라는 캐릭터야. 그린맨은 온몸이 녹색인데, 햇빛만 있어도 엄청난 힘을 낼 수 있대. 그러니까 낮에는 무적이지."

"꼭 식물 같은 캐릭터구나."

용선생이 불쑥 나타나 말했다.

"헉, 선생님! 그게 무슨 말씀이세요?"

"식물은 햇빛을 받아 양분을 만들어서 살아가잖아. 그린맨의 초능력이랑 비슷하지 않니?"

아이들이 고개를 끄덕이자 허영심이 말했다.

"근데 식물은 어떻게 양분을 만들어요? 저는 도무지 상상이 안 돼요."

"좋아. 오늘 함께 알아보자!"

양분을 만드는 재료는?

아이들이 자리에 앉자 용선생이 말했다.

"사람들은 아주 오래전부터 식물을 길러 먹었어. 식물의 열매나 씨는 물론이고 뿌리, 줄기, 잎까지 먹고 양분을 얻었지. 그래서 과학자들은 더 많은 양분을 만드는 식물을 기르기 위해 식물이 양분을 만드는 과정에 대해 연구했단다."

"어떤 연구를 했는데요?"

"일단 무언가를 만들려면 재료가 있어야겠지? 그래서 식물이 양분을 만드는 데 어떤 재료가 필요한지 알아내기로 했지. 자, 너희라면 어떤 방법을 썼을 것 같아?"

잠시 생각하던 장하다가 입을 열었다.

"밥을 먹고 나면 몸무게가 늘어나잖아요. 식물도 무언가 몸에 들어오면 무게가 늘어나지 않을까요?"

그러자 허영심이 고개를 설레설레 저었다.

"그게 말이 되니? 먹은 만큼 몸무게가 늘었다면 내 몸무게는 지금 100kg(킬로그램)도 넘을 거야."

"하하! 영심이 말처럼 먹은 음식이 전부 몸을 이루는 건 아니지. 근데 하다처럼 생각한 과학자가 있었단다. 바로 헬몬트라는 과학자야."

▲ 얀 밥티스타 판 헬몬트 (1579년 ~1644년) 벨기에의 의사이자 화학자야. 기체를 일컫는 '가스'라는 용어를 처음으로 쓰기도 했어.

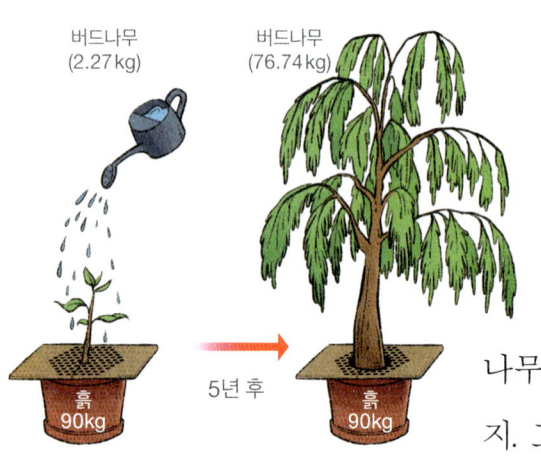

▲ 헬몬트의 실험

버드나무 (2.27 kg)
버드나무 (76.74 kg)
흙 90kg
5년 후
흙 90kg

▲ 조지프 프리스틀리 (1733년~1804년) 영국의 성직자이자 화학자야. 여러 기체에 관한 연구를 했고, 산소를 발견했어.

"정말요?"

"당시 사람들도 식물이 살려면 흙과 물이 필요하다는 것 정도는 알고 있었어. 헬몬트는 식물이 자라는 데 들어간 흙과 물의 무게를 재어 봤지."

용선생은 화면에 그림을 띄우며 말을 이었다.

"헬몬트는 커다란 화분에 어린나무를 심고 5년 동안 물만 주면서 키웠어. 그런 뒤 흙과 나무 무게가 키우기 전과 어떻게 달라졌는지 비교했지. 그랬더니 흙의 무게는 거의 변하지 않았고, 나무의 무게는 70 kg 이상 늘어난 거야."

"그러면 나무는 흙이 아니라 물을 먹고 자란 거예요?"

"5년 동안 아주 많은 양의 물을 주었으니 정확하게 계산이 맞지는 않았지만, 헬몬트는 나무가 몸속으로 물을 흡수하여 자랐다고 여겼어."

아이들이 고개를 갸웃거리며 말했다.

"식물이 정말 물만 먹고 자랐을까요? 왠지 다른 것도 있었을 것 같은데……."

"그렇지? 그 이후 프리스틀리라는 과학자의 연구를 통해 식물이 살아가는 데에 물뿐만 아니라 공기도 중요하다는 사실이 밝혀졌어. 관련된 실험을 함께 살펴볼까?"

실험 1

사방이 막혀 공기가 통하지 않는 유리그릇 두 개를 준비한 뒤, 하나에는 불을 붙인 초를 넣고, 다른 하나에는 쥐를 넣었어. 그랬더니 촛불은 꺼지고 쥐는 죽었지. 촛불이나 쥐가 내보낸 공기가 유리그릇 속 공기를 오염시켰다고 생각했어.

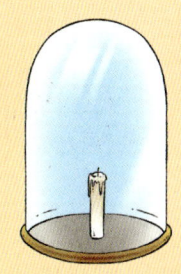

▲ 촛불과 쥐가 내보낸 공기는 유리그릇 속 공기를 오염시켜.

실험 2

▲ 식물이 내보내는 공기는 초를 타게 하고 쥐를 살게 해.

이번에는 유리그릇 속에 식물을 함께 넣었어. 그랬더니 촛불은 계속 타고 쥐도 살아남았지. 촛불과 쥐가 오염시킨 공기를 식물이 깨끗하게 만들었다고 생각했어.

실험 3

이번에는 유리그릇 속에 식물만 두었어. 처음에는 식물이 잘 살았지만, 시간이 지나면서 결국 식물이 죽고 말았지. 이를 통해 식물도 쥐가 내보내는 공기가 필요하다는 걸 알았어.

◀ 식물도 쥐가 내보내는 공기가 필요해.

"아하, 쥐한테는 식물이 내보내는 공기가 필요하고, 식물한테는 쥐가 내보내는 공기가 필요하군요!"

"맞아. 그런데 유리그릇 속에 식물과 쥐를 함께 넣어도 쥐가 죽는 경우가 있었어."

▲ 식물이 내보내는 공기는 햇빛을 받을 때만 생겨.

"정말요? 어떤 경우요?"

"여기를 봐! 식물과 쥐가 함께 있던 그릇이야. 햇빛이 있을 때에는 아무런 문제가 없었는데, 햇빛이 없을 때에는 쥐가 죽었어. 햇빛이 있는 낮에 빛이 들어가지 않게 검은 천으로 유리그릇을 덮었더니 역시 쥐가 죽었지."

"아, 햇빛이 중요한 거군요."

"그렇지! 식물이 내보내는 공기는 햇빛을 받을 때에만 생긴다는 걸 알게 됐어."

왕수재가 팔짱을 끼며 물었다.

"근데 그 공기들의 정체가 대체 뭐예요?"

"하하, 촛불과 쥐가 내보낸 건 이산화 탄소, 식물이 내보낸 건 산소란다. 과학자들은 유리그릇 안에 식물만 넣고 몇 시간 동안 햇빛을 받게 한 다음 그릇 속 기체의 양이 얼마나 변했는지 재 보았어. 그 결과 이산화 탄소는 줄어들고 산소는 늘어났지."

▲ 식물에 의한 기체 양의 변화

"왜요?"

"바로 식물 때문이야. 식물은 햇빛이 있을 때 이산화 탄소를 몸속으로 흡수하고, 산소를 몸 밖으로 내보내. 바로 기공을 통해서 말이야."

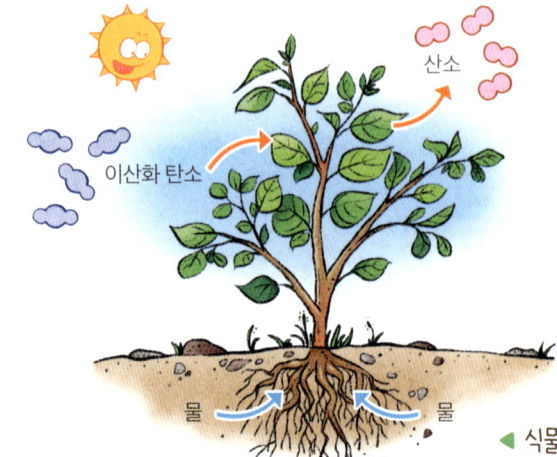

◀ 식물은 물과 이산화 탄소를 흡수하고, 산소를 내보내.

84 5교시 | 광합성

"식물에겐 햇빛을 받는 게 아주 중요한가 봐요."

"맞아. 식물은 햇빛을 받아야 물과 이산화 탄소를 양분으로 바꿀 수 있어. 식물은 이 양분을 이용해 에너지를 만들어 살아가고, 남는 양분은 몸속에 저장해."

"아, 그러니까 물이랑 이산화 탄소가 양분을 만드는 재료인 거군요?"

"맞아! 이처럼 식물이 물과 이산화 탄소, 햇빛을 이용해 양분을 만드는 과정을 '광합성'이라고 해."

"이야! 식물은 정말 굉장한 일을 하고 있네요!"

식물이 물과 이산화 탄소, 햇빛을 이용하여 양분을 만드는 과정을 광합성이라고 해.

 ## 광합성이 일어나는 곳은?

그때 나선애가 손을 들고 물었다.

"선생님! 지난번에 식물의 녹색인 부분에서 양분을 만든다고 하셨잖아요. 그것도 광합성과 관련이 있나요?"

식물이 살려면 '물'이 필요합니다.

'이산화 탄소'와 '햇빛'도 필요합니다.

"맞아! 녹색을 띠는 곳에서 광합성이 일어나는 거야."

"그럼 주로 잎에서 광합성이 일어나겠네요?"

"오! 잘 기억하고 있구나. 잎을 자세히 살펴보면 녹색인 부분이 광합성과 어떤 관련이 있는지 알 수 있어."

용선생은 화면에 새로운 그림을 띄웠다.

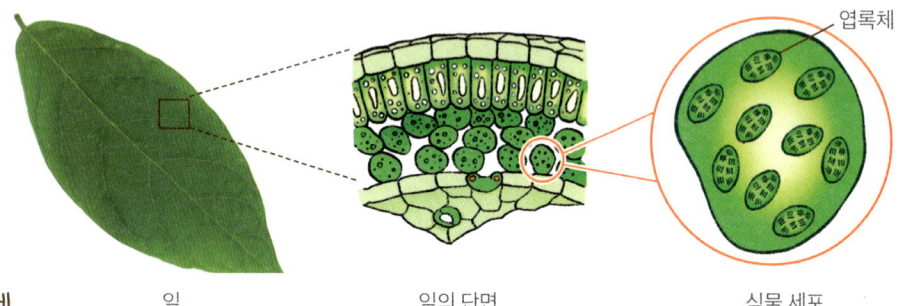

▶ 식물 잎에 있는 엽록체   잎   잎의 단면   식물 세포

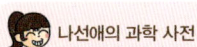

나선애의 과학 사전

엽록소 잎 엽(葉) 초록빛 록(綠) 근본 소(素). 식물이 녹색을 띠게 하는 물질이야.

"식물의 몸속에는 엽록소라는 녹색 물질이 있어. 식물 세포에서 엽록소가 모여 있는 알갱이를 '엽록체'라고 부르는데, 광합성은 바로 엽록체에서 일어난단다. 그러니 녹색인 곳에서만 광합성이 일어나는 거야."

"왜 엽록체에서만 광합성이 일어나요?"

"엽록체에 있는 엽록소가 빛을 흡수하거든."

그러자 장하다가 벌떡 일어나며 말했다.

"우아! 저도 햇빛 받는 거 좋아하는데……. 저도 햇빛을 흡수할 수 있을까요?"

"하다야, 식물처럼 온종일 햇볕을 쬘 수 있겠어? 그랬다가는 피부가 새까맣게 그을릴 텐데?"

허영심의 말에 용선생이 웃으며 말을 이었다.

"아쉽게도 동물은 식물처럼 햇빛을 흡수하여 이용하지 못해. 식물은 엽록체에서 태양의 빛에너지를 흡수해 이산화 탄소와 물을 이용하여 포도당이라는 양분을 만들지. 광합성으로 만들어진 포도당은 여러 개가 결합되어 녹말이란 물질로 저장되었다가 설탕으로 바뀌어 온몸으로 이동해. 그림으로 한번 정리해 볼까?"

> **나선애의 과학 사전**
>
> **포도당** 생물의 세포에서 에너지를 만들 때 사용하는 양분으로, 영어로는 글루코스라고 불러. '단맛'이라는 뜻의 그리스어에서 유래했지.

> **나선애의 과학 사전**
>
> **녹말** 포도당 여러 개가 모여서 이루어진 물질이야. 쌀, 밀, 옥수수 같은 곡식에 많이 들어 있어.

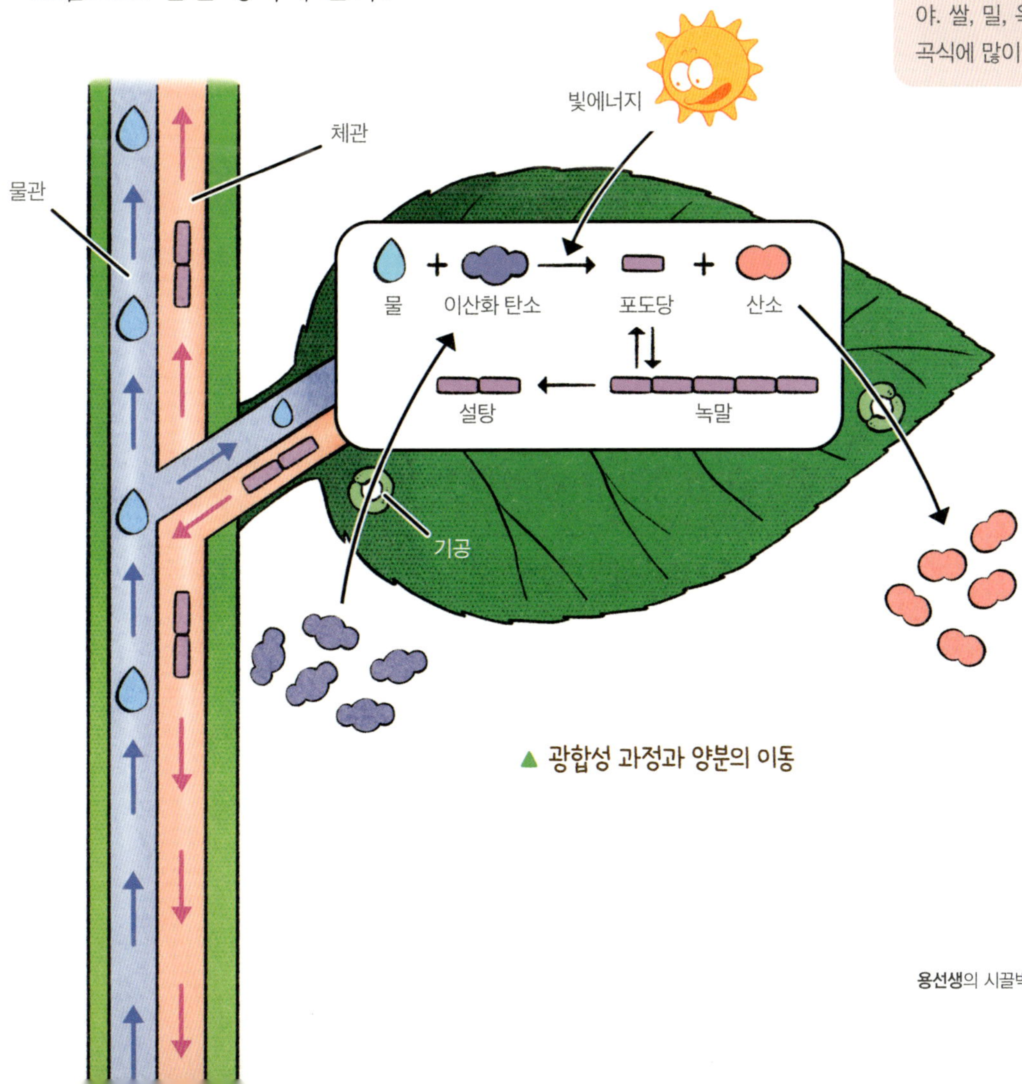

▲ 광합성 과정과 양분의 이동

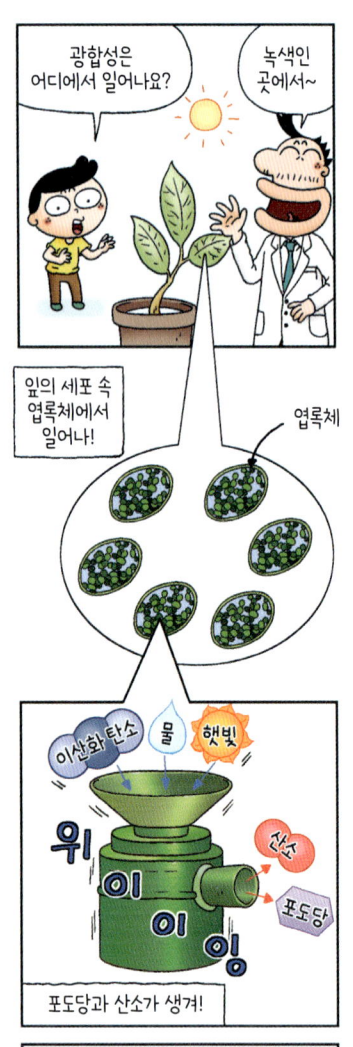

"어? 광합성으로 산소도 만들어지네요?"

"그래. 유리그릇 실험에서 식물이 내보낸 공기가 산소였던 것 기억하지? 광합성이 일어날 때 생긴 산소는 대부분 기공을 통해 식물 밖으로 나가."

"맞아요! 그래서 쥐가 죽지 않았잖아요. 아무튼 물과 이산화 탄소, 햇빛으로 포도당과 산소를 만들다니! 식물은 작은 공장 같아요."

>  **핵심정리**
>
> 광합성은 엽록체에서 일어나. 식물은 광합성을 통해 포도당을 만들고, 산소를 내보내.

 ## 광합성이 잘 일어나려면?

"자, 그럼 여기서 퀴즈! 식물에게 광합성 재료를 아주 많이 주면 어떻게 될까? 그럼 식물이 양분을 더 많이 만들까?"

곽두기가 재빨리 손을 들고 말했다.

"재료가 많으면 음식을 많이 만들 수 있잖아요. 식물도 재료가 많으면 광합성을 많이 해서 양분을 많이 만들 것 같아요."

"빙고! 실제로 농사지을 때 이산화 탄소를 많이 줘서 농작물에 양분이 더 많아지도록 하기도 해. 재료의 양이나 조건이 달라질 때 광합성이 일어난 양이 어떻게 달라지는지, 그래프를 보면서 얘기해 볼까?"

 용선생의 과학 현미경

온실이나 비닐하우스 같이 식물을 키우는 실내 공간에 이산화 탄소를 많이 공급하면, 식물이 양분을 많이 만들어서 과일이나 채소가 훨씬 크고 맛있어져. 하지만 이러한 방법은 비용이 많이 들고, 실외에서는 불가능하다는 단점이 있단다.

▲ 이산화 탄소가 늘어날 때 광합성이 일어난 양의 변화

"이산화 탄소가 많아질수록 광합성도 많이 일어나요."

"그런데 이산화 탄소가 아주 많아져도 광합성을 하는 양이 계속 늘어나지는 않네요?"

"잘 봤어! 광합성은 엽록체에서 일어나잖니? 그런데 이산화 탄소가 아무리 많아도 엽록체 수는 일정하니까 광합성이 일어나는 양에도 한계가 있어. 빛의 세기가 커질 때도 마찬가지야. 처음에는 빛이 세질수록 광합성이 더 일어

나지만, 어느 정도가 되면 더 이상 늘어나지 않아."

아이들이 고개를 끄덕이자 용선생은 말을 이었다.

"이번에는 온도를 다르게 할 때 광합성이 일어난 양이 어떻게 달라지는지 보여 줄게."

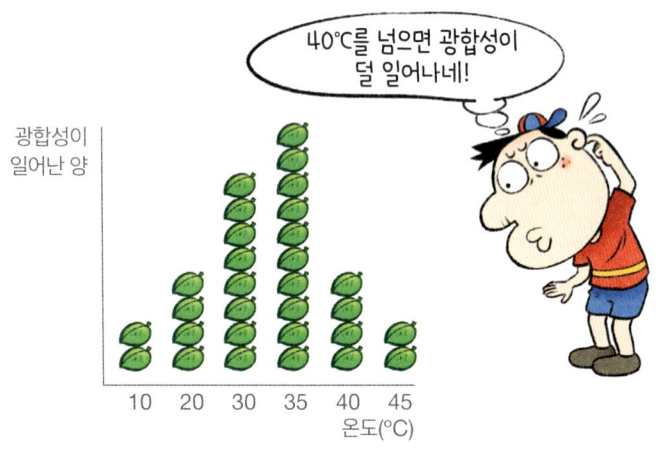

▲ 온도가 올라갈 때 광합성이 일어난 양의 변화

"어, 온도가 변할 때는 아까와 달라요. 온도가 계속 올라가니까 오히려 광합성이 덜 일어나요."

"그렇지. 온도가 너무 높으면 몸이 제 기능을 못 하게 되거든. 엽록체 안에는 엽록소 말고도 광합성이 잘 일어나게 하는 물질들이 있어. 이 물질들은 35℃ 정도에서 제일 활발하게 제 역할을 하지만, 그보다 높은 온도에서는 성질이 변해서 점점 기능을 잃어. 그래서 광합성이 오히려 덜 일어나는 거지."

"하긴, 온도가 40℃면 사람도 못 견딜 테니까요."

"하하, 그렇지. 이렇게 이산화 탄소의 양이나 빛의 세기, 온도 조건이 적절하게 갖춰져야 식물에서 광합성이 잘 일어날 수 있어. 또 지구상의 수많은 식물들은 사는 환경이 다르니까 광합성이 잘 일어나는 조건도 제각기 다를 수 있단다."

왕수재가 필기를 하던 곽두기에게 조용히 말했다.

"광합성을 알고 보니 그린맨의 초능력이 굉장한 것 같아! 카드 좀 다시 보여 줘."

그러자 장하다가 불쑥 끼어들었다.

"아, 나도 그런 초능력이 있었으면! 지금처럼 배고플 때 뱃속에 간식이 딱 만들어지는 거야. 흐흐……."

"우린 그런 초능력이 없으니 간식을 먹어야겠구나. 떡볶이 어때, 얘들아?"

"선생님, 최고!"

 용선생의 과학 현미경

남극처럼 기온이 매우 낮은 곳에 사는 식물들은 남극의 여름 한낮 온도인 10℃ 정도에서 광합성이 가장 활발하게 일어나.

남극좀새풀

 **핵심정리**

광합성은 이산화 탄소의 양, 빛의 세기, 온도에 영향을 받아. 이 조건들이 아무리 늘어나도 광합성이 일어나는 양은 더 이상 늘지 않거나 오히려 줄어들기도 해.

나선애의 정리노트

1. 광합성
① 식물이 ⓐ [_____] 와 물을 재료로 햇빛을 이용해 양분을 만들어 내는 과정.

② 식물 세포에 있는 ⓑ [_____] 에서 일어남.

③ 식물은 광합성을 통해 포도당을 만들고, ⓒ [_____] 를 내보냄.

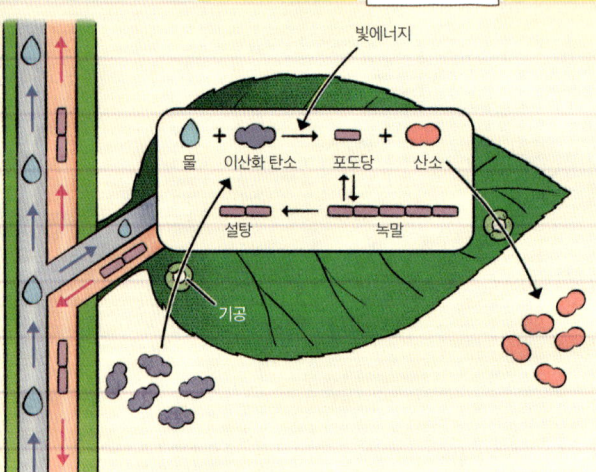

2. 광합성에 영향을 주는 조건
① 이산화 탄소가 늘어날수록 광합성이 많이 일어나다가 일정하게 유지됨.

② ⓓ [_____] 의 세기가 커질수록 광합성이 많이 일어나다가 일정하게 유지됨.

③ ⓔ [_____] 가 올라갈수록 광합성이 많이 일어나다가 온도가 너무 높으면 광합성이 덜 일어남.

ⓐ 이산화 탄소 ⓑ 엽록체 ⓒ 산소 ⓓ 빛 ⓔ 온도

과학퀴즈 달인을 찾아라!

●정답은 115쪽에

01

친구들이 이번 시간에 배운 내용에 대해 이야기하고 있어. 옳으면 O, 옳지 않으면 X를 표시해 줘.

① 광합성은 뿌리, 줄기, 잎에서 모두 일어나. (   )

② 엽록체에서는 햇빛을 흡수해. (   )

③ 광합성으로 만들어진 포도당은 설탕으로 바뀌어 온몸으로 이동해. (   )

02

허영심이 미로를 통과하려고 해. 광합성이 일어날 때 꼭 필요한 것들을 따라가면 출구를 찾을 수 있대. 허영심이 출구를 찾을 수 있게 도와줘.

가을에 단풍이 들고 낙엽이 지는 까닭은?

가을이 되어 기온이 내려가고, 비가 적게 내려서 물이 줄어들면 단풍이 들고 낙엽이 떨어져. 왜 이런 일이 일어나는 걸까?

물이 줄어들면 잎자루에 '떨켜'라는 단단한 벽이 생기고 관다발이 막혀서 잎에 물이 끊겨. 그럼 잎 속에 있던 엽록소가 쪼개지기 시작하지. 원래 엽록소는 잎에서 가장 많이 만들어지는 색소야. 식물이 살아가는 동안 끊임없이 만들어지지만, 물이 없으면 새로운 엽록소가 만들어지지 않아.

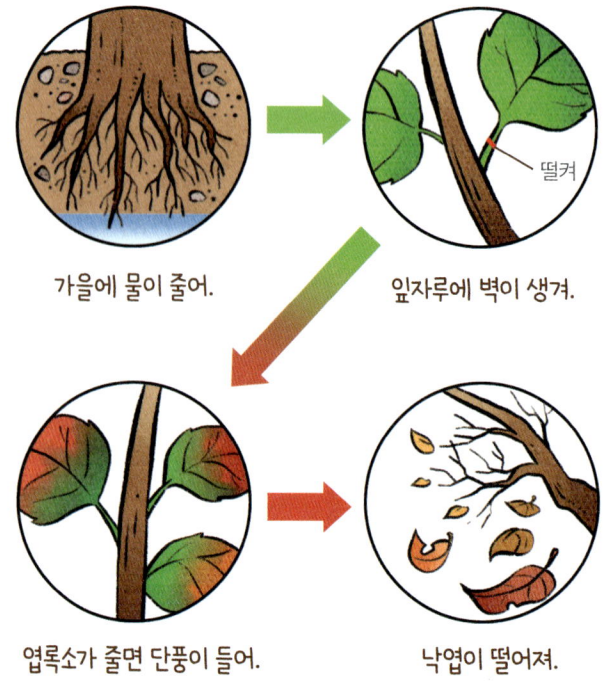

가을에 물이 줄어. → 잎자루에 벽이 생겨. (떨켜)

엽록소가 줄면 단풍이 들어. → 낙엽이 떨어져.

엽록소가 쪼개져서 사라지면 그동안 수많은 엽록소에 가려 보이지 않았던 다른 색소들을 볼 수 있어. 예를 들어, '카로티노이드'라고 하는 색소는 노란색을 띠어. 노란 단풍잎은 바로 카로티노이드 때문에 생기지.

그럼 빨간 단풍은 어떻게 생기냐고? 관다발이 막히면 물만 끊기는 게 아니라 잎에 남아 있던 양분도 이동을 못 하게 돼. 이 양분이 변해서 만들어진 게 바로 '안토시아닌'이라는 색소란다. 안토시아닌은 붉은색을 띠기 때문에 붉은 단풍이 생겨나지.

하지만 아름다운 단풍은 그리 오래가지 않아. 잎에 있는 수많은 기공으로 물이 빠져나가는 걸 막기 위해 나무가 잎을 아예 떼어 버리거든. 그렇게 떨어진 잎들을 낙엽이라고 불러.

장하다의 오답을 피하는 방법
나선애의 야무진 실험실
왕수재의 아는 척 과학교실
허영심의 별 헤는 밤
곽두기의 빅뱅 따라잡기

COMMENTS

- 낙엽이 진다. 하나, 둘…….
  - 오~ 감성 소년 곽두기!
  - 가을 타나 봐~
  - 그게 아니고, 할아버지가 낙엽 쓸라고 하셨거든. ㅠ.ㅠ

6교시 | 식물의 호흡

양분에서 에너지를 얻으려면?

물가에 있는 저 나무 좀 봐!

으악! 땅에서 뿔이 솟았어!

아이들이 정신없이 왕수재의 스마트폰을 들여다보고 있었다.

"애들아, 뭘 그렇게 보고 있니?"

"왕수재가 이상한 나무를 찍어 왔어요. 나무 아래에 뿌리 잔뜩 솟아 있다니까요!"

사진을 본 용선생이 말했다.

"오호, 아주 특별한 나무의 뿌리를 찍어 왔구나. 이건 낙우송이라는 나무인데, 이렇게 땅 위로 뿌리 일부를 내보내서 호흡한단다."

왕수재가 콧구멍을 벌름거리며 물었다.

"뿌리에 코가 있는 것도 아닌데 어떻게 호흡을 해요?"

"사람이나 동물이 코로 숨을 들이쉬고 내뱉는 것만 호흡인 건 아니야."

"그럼 다른 게 있어요?"

식물도 호흡을 한다고?

"하하, 호흡에 관해 차근차근 알아보자. 이 세상 모든 생물은 호흡을 해. 동물은 물론 식물도 호흡을 하지. 호흡은 숨을 쉬는 것뿐만 아니라, 몸속에서 공기를 이용하는 과정까지 모두 포함한 말이야."

"몸속에서 공기를 이용한다고요?"

"응. 먼저 사람의 호흡부터 살펴볼까? 우리가 코로 들이쉬는 공기 중에서 우리 몸에 필요한 건 산소야. 폐에 들어온 산소는 혈액에 녹은 채 혈관을 타고 온몸의 세포로 이동하지."

"산소가 왜 세포로 가요?"

"세포에서 에너지를 얻을 때 필요해서야. 세포에는 산소

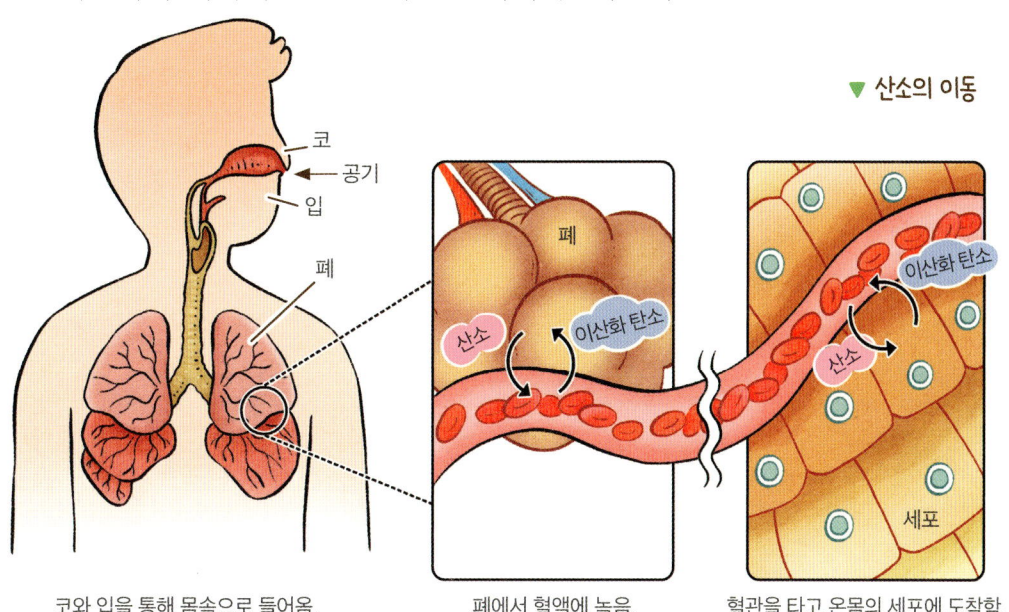

▼ 산소의 이동

코와 입을 통해 몸속으로 들어옴. / 폐에서 혈액에 녹음. / 혈관을 타고 온몸의 세포에 도착함.

곽두기의 낱말 사전

분해 어떤 물질을 더 작게 나누거나 쪼개는 걸 뜻해.

와 마찬가지로 혈액을 통해 전달된 포도당도 있어. 세포는 산소를 이용해 포도당을 분해하여 에너지를 얻거든. 이 모든 과정을 호흡이라고 한단다."

"아하, 산소가 몸속에 들어오는 것부터 몸속에서 산소와 포도당을 써서 에너지를 얻는 과정까지 다 호흡에 포함되는군요."

"그렇단다. 식물도 몸을 이루는 모든 세포에서 호흡을 해서 에너지를 얻어 살고 있지."

허영심이 고개를 갸웃거리며 말했다.

"선생님, 식물은 광합성을 해서 포도당을 만든다고 하셨잖아요. 그러면 식물은 포도당을 만들기도 하고 쓰기도 하는 거예요?"

"잘 기억하고 있구나! 식물은 호흡하는 데 필요한 포도당을 광합성으로 직접 만들어 내. 동물이 다른 생물을 먹어서 포도당을 얻는 것과는 다르지."

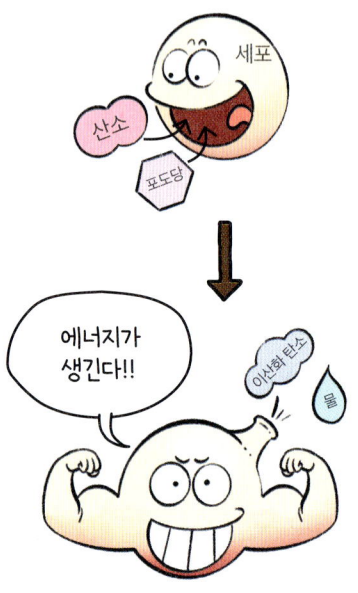

▲ 세포는 산소를 이용해 포도당을 분해하여 에너지를 얻어.

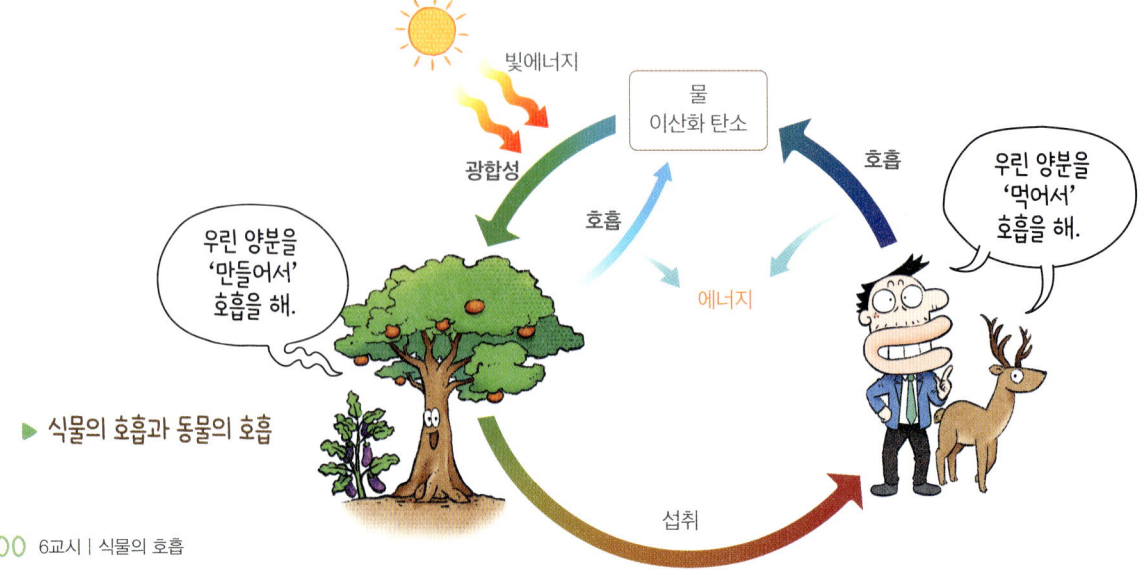

▶ 식물의 호흡과 동물의 호흡

용선생은 칠판에 글씨를 써 내려갔다.

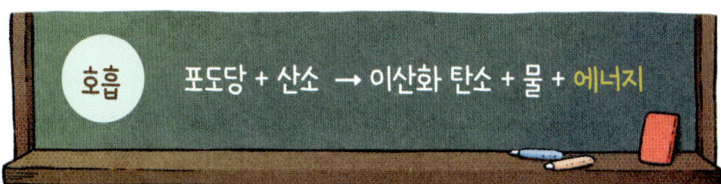

"이게 호흡이 일어나는 과정이란다. 산소를 써서 포도당을 분해하여 에너지를 만들 때 이산화 탄소와 물이 생겨."

"어? 전에 이거랑 비슷한 걸 본 것 같은데? 어디서 봤지?"

장하다가 목소리를 높이는 사이, 나선애가 얼른 공책을 뒤적였다.

"광합성 과정을 거꾸로 쓰면 호흡과 비슷하네요!"

용선생은 엄지를 세워 보이며 칠판에 글씨를 적었다.

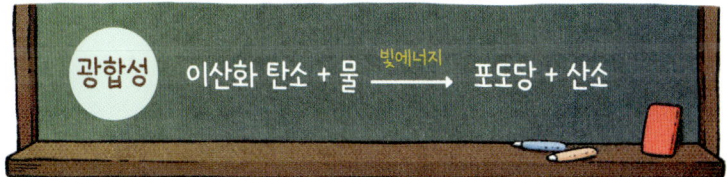

"광합성과 호흡은 필요한 물질과 생기는 물질이 서로 반대야. 그리고 광합성은 에너지를 흡수하여 양분을 만드는 과정이고, 호흡은 양분을 분해해서 에너지를 얻는 과정이지."

"그러면 식물이 양분을 만들어야만 에

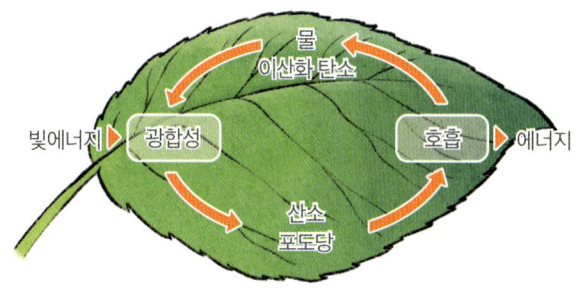

▲ 광합성과 호흡의 관계

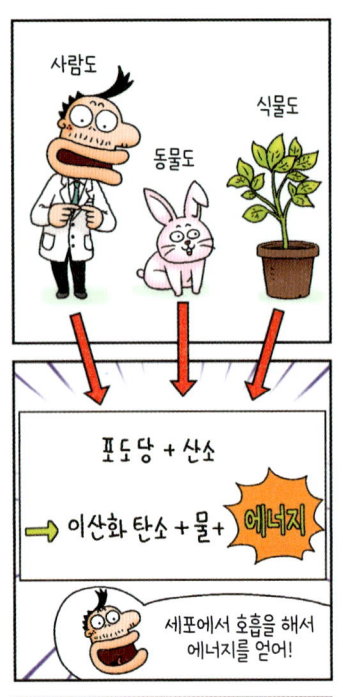

너지를 얻을 수 있는 건가요?"

"맞아. 다시 말하면, 생물이 호흡으로 얻는 에너지는 포도당을 만드는 데 이용된 빛에너지로부터 왔다는 거야!"

"아, 빛에너지가 세포에서 쓰는 에너지의 출발점인 셈이네요?"

"맞아. 잘 이해했어!"

> **핵심정리**
>
> 산소를 이용해 포도당을 분해하여 에너지를 얻는 과정을 호흡이라고 해.
> 광합성과 호흡은 필요한 물질과 생기는 물질이 서로 반대야.

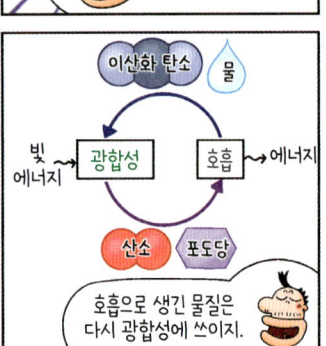

식물은 어떻게 산소를 얻을까?

"선생님! 사람은 코로 숨쉬면서 산소를 얻는다고 하셨잖아요. 식물은 코가 없는데 어떻게 산소를 얻죠?"

장하다의 질문에 허영심이 끼어들었다.

"광합성을 하면 산소가 생기잖아. 그걸 쓰면 되지!"

"하하, 그건 아니야. 광합성으로 만들어진 산소 중 일부는 몸속으로 퍼져서 호흡에 이용되기도 하지만 대부분 기

공으로 빠져나가거든. 또 밤이 되면 광합성을 하지 못하니까 공기 중 산소로 호흡해야 하지."

"공기 중에 있는 산소를 얻는다고요?"

"식물은 잎, 줄기, 뿌리에서 제각기 공기 중 산소를 흡수하여 호흡에 사용하고 있어. 잎은 기공으로, 줄기는 껍질눈이라는 구멍을 통해 산소를 흡수해."

"뿌리는요?"

"뿌리는 땅속 산소를 표피로 직접 흡수한단다."

곽두기가 눈을 크게 뜨며 물었다.

"땅속에도 산소가 있어요?"

"그렇단다. 흙을 확대해서 보면 알갱이 사이사이에 공간이 있는데, 여기에 공기가 있어. 그 공기 중에 산소도 들어 있지."

"그러면 낙우송 뿌리는 왜 땅속에서 호흡을 안 하고 땅위로 나오는 거죠?"

"하하, 낙우송은 주로 늪지대나 습지처럼 물기가 많은 땅에 사는 식물이야. 늪지대나 습지의 땅은 흙 알갱이 사이에 물이 가득 차서 공기가 거의 없어."

"그럼 땅속에 산소도 거의 없

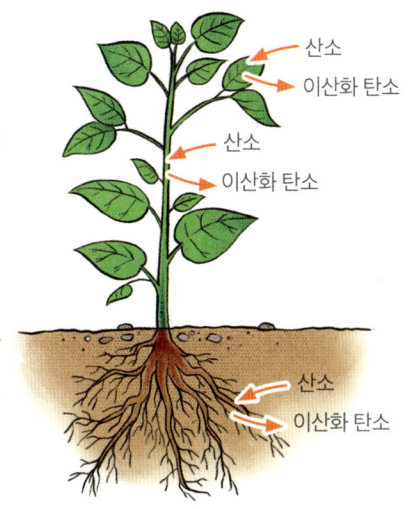

▲ 식물은 온몸에서 산소를 흡수하여 호흡을 해.

▲ **자작나무의 껍질눈** 두꺼운 껍질로 둘러싸인 나무의 줄기 표면에 공기가 통하는 구멍이 있는데, 이것이 껍질눈이야.

▼ 늪지대나 습지에 자라는 낙우송

을 테니 뿌리가 호흡을 못 하겠네요?"

"맞아. 그래서 낙우송의 뿌리는 일부분이 땅 위로 자라서 공기 중 산소를 직접 흡수해서 호흡한단다."

"우아, 뿌리 생김새가 바뀔 정도로 호흡이 중요하군요. 광합성만 중요한 줄 알았는데……."

> **핵심정리**
>
> 식물은 잎의 기공, 줄기의 껍질눈, 뿌리 표피를 통해 공기 중 산소를 흡수해. 물기가 많은 땅에 사는 식물의 뿌리는 일부가 땅 위로 자라서 호흡해.

 광합성 VS 호흡

허영심의 말을 듣고, 용선생이 말을 이었다.

"모든 생명 활동에는 에너지가 필요해. 에너지를 얻으려면 호흡이 일어나야 하니까 당연히 중요하지."

"그러면 식물도 동물처럼 쉬지 않고 호흡해요?"

"그럼! 식물도 24시간 계속 호흡하면서 산소를 흡수하고 이산화 탄소를 내보내. 그런데 낮에는 광합성도 하고 호흡도 하니까, 이산화 탄소도 필요하고 산소도 필요하지."

"어, 생각해 보니까 정말 그러네요!"

"여기서 퀴즈! 그렇다면 낮에 식물이 내보내는 기체는 산소일까, 이산화 탄소일까?"

장하다가 요란스레 손을 들고 흔들며 대답했다.

"산소요! 무조건 산소!"

"그렇게 생각한 이유는 뭔데?"

"광합성에 대해 배울 때 나왔잖아요. 빛이 있을 때 식물에서 산소가 나온다고요."

그러자 나선애가 고개를 설레설레 흔들며 말했다.

"식물이 호흡하는 것도 생각해 봐야지!"

"하하, 호흡과 광합성의 관계에 대해 차근차근 생각해 보자."

용선생은 화면을 바꿨다.

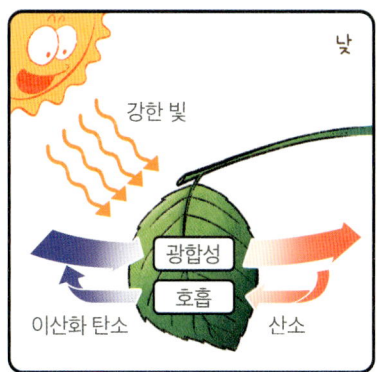

▲ 광합성과 호흡을 통해 드나드는 기체

"식물은 항상 호흡을 하면서 산소를 쓰고 이산화 탄소를 내보내. 하지만 낮에는 광합성을 하며 이산화 탄소를 쓰고 산소를 만들지. 이때 광합성으로 만드는 산소가 호흡하는 데 쓰이는 산소보다 훨씬 많아. 그래서 낮에는 식물이 산소를 내보내."

"헤헤, 내 말이 맞았다!"

"반면 광합성을 하지 않는 밤에는 식물이 호흡만 하니까 이산화 탄소만 나온단다."

"그럼 가운데 그림은 뭐예요? 약한 빛일 때는 어떤 기체가 나와요?"

"해가 뜨거나 질 무렵 빛이 약할 때는 광합성이 약하게 일어나서, 광합성으로 내보내는 산소와 호흡으로 쓰는 산소의 양이 거의 같아져. 그러면 아무것도 내보내지 않는 상태로 보이는 거지."

곽두기가 손바닥을 마주치며 말했다.

"식물은 아무것도 안 하고 서 있는 줄 알았는데, 알고 보니 쉴 새 없이 바쁘네요. 광합성도 하고 호흡도 하고!"

갑자기 왕수재가 벌떡 일어나서 말했다.

"맞다! 곧 동아리 전시회 있잖아. 이런 주제로 발표하면 어때? '알고 보면 식물도 쉴 새 없이 바빠!'"

"그럴까? 식물에 대해서 배운 걸 다 정리해서 벽에 크게 붙이자."

"오호! 알아서 전시회 준비를 하겠다니 기특한걸! 그럼 선생님은 통 크게 간식을 쏘겠다!"

"야호, 신난다!"

핵심정리

식물은 밤에는 호흡만 하고 낮에는 광합성과 호흡을 모두 해. 낮에 광합성으로 내보내는 산소의 양은 호흡으로 쓰는 산소의 양보다 훨씬 많아.

나선애의 정리노트

1. 호흡
① 산소를 써서 포도당을 분해하여 ⓐ [ ] 를 얻는 과정
② 식물의 호흡
- 잎의 기공, 줄기의 ⓑ [ ], 뿌리의 표피를 통해 ⓒ [ ] 를 흡수하여 호흡에 이용함.
- 낙우송의 뿌리는 일부가 땅 위로 자라 공기 중 산소를 흡수하여 호흡함.

2. 광합성 vs 호흡

광합성		호흡
빛이 있을 때	조건	항상
엽록체	장소	모든 세포
빛에너지를 흡수하여 포도당을 만듦.	과정	포도당을 분해하여 에너지를 얻음.
이산화 탄소	필요한 기체	산소
산소	생기는 기체	ⓓ [ ]

3. 식물에서 내보내는 기체
① 낮 : 광합성으로 만드는 산소 > 호흡으로 쓰는 산소
② 밤 : 광합성에 쓰는 이산화 탄소 < 호흡으로 나오는 이산화 탄소

ⓐ 에너지 ⓑ 피목 ⓒ 산소 ⓓ 이산화 탄소

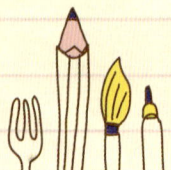

 **과학퀴즈 달인을 찾아라!**

●정답은 115쪽에

01

친구들이 이번 시간에 배운 내용에 대해 이야기하고 있어. 옳으면 O, 옳지 않으면 X를 표시해 줘.

① 줄기에서는 껍질눈을 통해 산소를 흡수해. (   )
② 식물은 밤에 산소도, 이산화 탄소도 내보내지 않아. (   )
③ 식물은 광합성으로 만든 포도당을 호흡에 이용해. (   )

02

나선애가 호흡으로 에너지를 만들려고 해. 호흡에 쓰이는 물질을 골라야 에너지를 만들 수 있대. 올바른 길을 알려 줘.

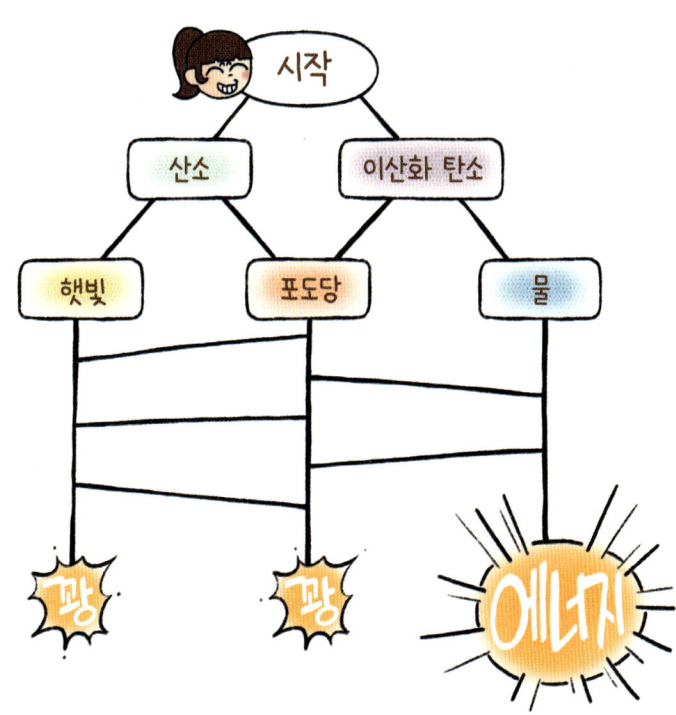

가로세로 퀴즈

식물에 관한 가로세로 퀴즈야. 빈칸을 채워 봐.
띄어쓰기는 무시해도 돼.

가로 열쇠

① 식물의 세포 속에서 광합성이 일어나는 곳
② 수염처럼 얇고 서로 비슷한 굵기의 뿌리들로 이루어진 뿌리
③ 식물 몸에서 물과 양분이 이동하는 통로가 모여 있는 것
④ 생물이 산소를 써서 포도당을 분해하여 에너지를 얻는 과정
⑤ 잎 뒷면 표피에 있는 구멍으로, 물이 빠져나가는 곳
⑥ 잎에서 기공을 통해 공기 중으로 물이 빠져나가는 현상
⑦ 잎을 이루는 한 부분으로 잎몸과 줄기를 연결하는 곳
⑧ 식물이 광합성을 할 때 이용하는 공기 속 기체

세로 열쇠

① 뿌리 표피에 있는 세포 하나가 길게 자란 것
② 물이 이동하는 통로는 물관, 양분이 이동하는 통로는 ○○
③ 기공에서 빠져나가는 기체 상태의 물
④ 뿌리는 흙 속을 파고들어 물과 무기 양분을 ○○함.
⑤ 기공을 둘러싼 두 개의 세포
⑥ 액체 상태의 물질이 표면에서 기체 상태로 변하는 현상
⑦ 잎에서 잎몸을 지탱하는 부분
⑧ 식물이 광합성으로 만드는 물질, 포도당과 ○○

●정답은 115쪽에

교과서 속으로

초등 6학년 1학기 과학 | 식물의 구조와 기능

뿌리의 생김새와 하는 일을 알아볼까?

- **뿌리의 생김새**
  - 굵고 곧게 뻗은 뿌리에 가는 뿌리들이 난 것도 있고, 굵기가 비슷한 뿌리가 수염처럼 난 것도 있다.
  - 뿌리에는 솜털처럼 가는 뿌리털이 나 있다.

- **뿌리가 하는 일**
  - 뿌리는 땅속으로 뻗어 물을 흡수하고 식물을 지지한다.
  - 무나 고구마처럼 뿌리에 양분을 저장하는 식물도 있다.

 뿌리털 덕분에 물을 잘 흡수할 수 있어!

초등 6학년 1학기 과학 | 식물의 구조와 기능

줄기의 생김새와 하는 일을 알아볼까?

- **줄기의 생김새**
  - 줄기는 뿌리와 이어져 있고, 잎이 붙어 있다.
  - 줄기에는 물이 이동하는 통로가 있다.

- **줄기가 하는 일**
  - 줄기는 뿌리에서 흡수한 물이 식물 전체로 이동하는 통로 역할을 한다.
  - 줄기는 식물을 지지하고 양분을 저장하기도 한다.

 물이 이동하는 통로가 바로 물관이지!

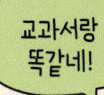

초등 6학년 1학기 과학 | 식물의 구조와 기능

잎이 하는 일을 알아볼까?

- **광합성**
  - 식물이 빛과 이산화 탄소, 물을 이용하여 스스로 양분을 만드는 것을 광합성이라고 한다.
  - 광합성은 주로 잎에서 일어난다.

- **증산 작용**
  - 잎에 도달한 물이 기공을 통해 식물 밖으로 빠져나가는 것을 증산 작용이라고 한다.
  - 증산 작용은 뿌리에서 흡수한 물을 잎까지 끌어 올리게 돕고, 식물의 온도를 조절한다.

 잎에 도달한 물의 일부만 광합성에 쓰이지.

중 2학년 과학 | 식물과 에너지

광합성과 호흡

- **광합성**
  - 식물은 광합성을 통해 포도당과 산소를 만든다.
  - 광합성은 빛의 세기, 이산화 탄소의 농도, 온도에 영향을 받는다.

- **호흡**
  - 생물이 양분을 분해하여 살아가는 데 필요한 에너지를 얻는 과정을 호흡이라고 한다.
  - 호흡은 식물의 몸을 구성하는 모든 세포에서 항상 일어난다.

 중학교에서 배울 걸 미리 알아버렸네!

찾아보기

곧은뿌리 27-30, 38
공기 62-63, 65-69, 72, 74, 82-84, 88, 99, 103-104, 108
공변세포 67-69, 74
관다발 19-21, 31, 38, 45-47, 49, 53, 56, 63, 65, 94
광합성 85-92, 100-108
기공 64-70, 73-74, 84, 87-88, 92, 103-104, 108
껍질눈 103-104, 108
나이테 44-45, 48, 51-56
낙엽 94-95
낙우송 103-104, 108
남극좀새풀 91
녹말 87, 92
덩굴손 77
리톱스 12-16, 21
무기 양분 18, 20-22, 36, 38, 76
물 16, 18-22, 29, 31-38, 45-47, 50, 53, 56, 64-74, 82, 84-85, 87-88, 92, 94-95, 100-104
물관 19, 31, 37-38, 45-47, 49-54, 56, 87
버팀뿌리 29
부착뿌리 29
분해 100-102, 108
빛 14-17, 20, 22, 58, 64, 68-69, 72, 80, 84-92, 100-102, 105-108
뿌리 14-15, 17-22, 26-34, 36-38, 40-41, 45-48, 56, 59, 63, 65-66, 68, 70, 72, 74, 76, 81, 98, 103-104

108
뿌리골무 31, 33, 38, 59
뿌리털 30, 32-33, 38
산소 82, 84, 87-88, 92, 99-108
삼투 36-38, 69
생장점 31, 33, 38, 48, 52, 55-56, 59
설탕 35-36, 47, 87, 92
세포 31-33, 36-37, 46-53, 55-56, 58-59, 67, 69, 86-88, 92, 99-100, 102, 108
세포 분열 31, 51
세포벽 46, 50-52, 69
셀로판막 35-36
수염뿌리 27-30, 38
수증기 67-69, 72-74
안토시아닌 95
양분 14-22, 29-31, 36-38, 45, 47, 53, 56, 66, 68-69, 80-81, 85, 87-89, 92, 95, 100-101
에너지 18, 71, 85, 87, 92, 99-102, 104, 108
열대 우림 73
엽록소 86, 90, 94-95
엽록체 86-90, 92, 108
옥신 58
용액 35-36, 69
이산화 탄소 68, 84-85, 87-92, 99-108
잎 14-18, 20-22, 33, 45-47, 56, 62-74, 76-77, 81, 86, 88, 94-95,

103-104, 108
잎맥 63, 65
잎몸 63, 65, 74
잎자루 63, 65, 74, 94
저장 19, 29-30, 38, 85, 87
줄기 14-18, 20-22, 33, 40-41, 45-56, 58-59, 63, 66, 70, 72, 74, 76, 81, 103-104, 108
증발 67, 71-72
증산 작용 66, 68-74, 76
진딧물 47
체관 19, 31, 38, 45-47, 49-50, 53-54, 56, 87
카로티노이드 95
큐티클층 64-65, 74
턱잎 63, 65, 74
판도 40
평형석 59
포도당 87-88, 92, 100-102, 108
표피 31-33, 36-38, 45, 49-50, 53, 56, 64-65, 69, 74, 103-104, 108
프리스틀리 82, 85
헬몬트 81-82, 85
형성층 49-56
호흡 98-108
흡수 18, 20-22, 33-34, 36-38, 65-66, 68, 72, 82, 84, 86-87, 101, 103-104, 108

퀴즈 정답

1교시

01 ① ○   ② ○   ③ ✕

02
> 보기
>
> 식물은 물을 흡수하는 (뿌리), 물과 양분을 이동시키는 (줄기), 양분을 만드는 (잎)으로 이루어져 있어.

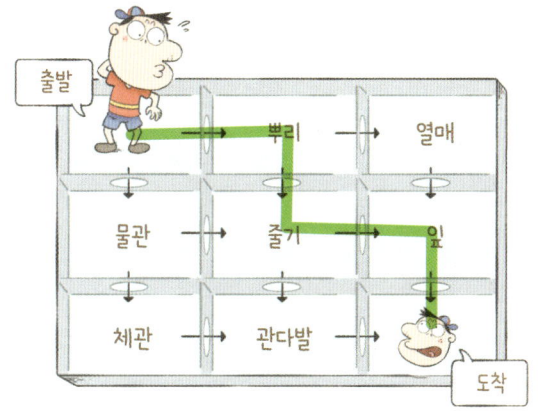

2교시

01 ① ○   ② ✕   ③ ○

02 ① 표피 ② 뿌리털 ③ 생장점

표	뿌	이	참
피	부	리	새
석	회	수	털
탄	생	장	점

3교시

01 ① X ② O ③ O

02

출발
- 여러 해를 살아.
  - 형성층이 없어. → 강아지풀
  - 형성층이 있어. → 단풍나무
- 한 해만 살아.
  - 관다발이 없어. → 벼
  - 관다발이 있어. → 갈대

(경로: 출발 → 여러 해를 살아 → 형성층이 있어 → 단풍나무, 그리고 한 해만 살아 → 관다발이 있어 → 갈대)

4교시

01 ① O ② O ③ X

02

잎까지 이동한 물은 (수증기)로 바뀌어
잎에 있는 구멍인 (기공)을 통해
공기 중으로 빠져나가는데, 이걸 (증산 작용)이라고 해.

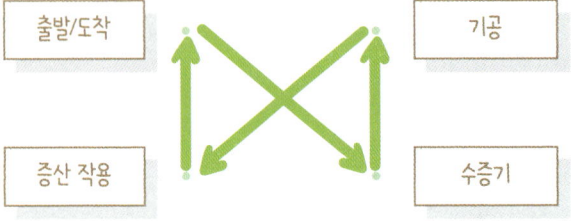

출발/도착 ↔ 수증기
증산 작용 ↔ 기공

5교시

01 ① ✕   ② ◯   ③ ◯

02

6교시

01 ① ◯   ② ✕   ③ ◯

02

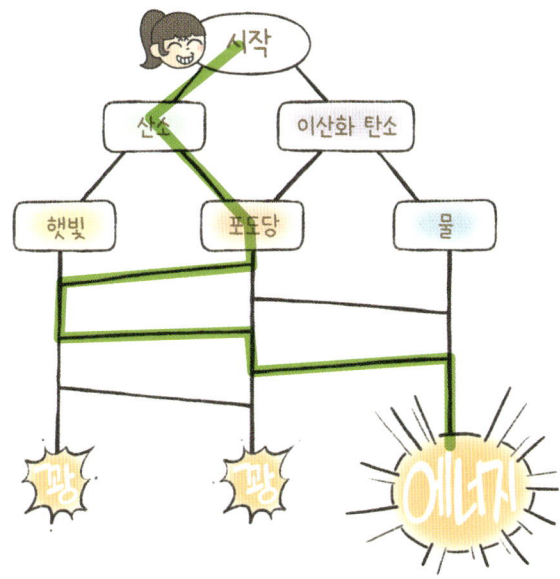

가로세로 퀴즈

			❶뿌		①엽	록	❷체	
②❸수	염	뿌	리				③관	다	발
증			털					
기						④호	❹흡	
		⑤기	❺공				수	
			변		⑥❻증	산	작	용
			세		발			
			포			⑦❼잎	자	루
				⑧산		맥		
⑧이	산	화	탄	소				

일러두기
· 맞춤법과 띄어쓰기는 국립국어원에서 펴낸《표준국어대사전》을 따랐습니다.
· 과학 용어 표기는《2015 개정 교육과정에 따른 교과용도서 개발을 위한 편수자료Ⅲ 기초과학, 정보 편》을 따랐습니다.
· 이 책에 실린 사진은 저작권자로부터 사용 허가를 받았습니다. 저작권자와 접촉하기 위해 최선을 다했으나 불가피한 사정으로 사용 허가를 받지 못한 일부 사진에 대해서는 저작권자와 연락이 닿는 대로 게재 허락을 받고 사용료를 지불하겠습니다.
· 이 책에 실린 그림의 저작권은 별도의 표기가 없는 한 사회평론에 있습니다.

사진 제공
13쪽: LightField Studios(셔터스톡) | 24-25쪽: Svyatoslav Balan(Getty Images Bank) | 28쪽: Ashley Cooper pics(Alamy Stock Photo) | 29쪽: Pancrat(wikimedia commons_CC3.0) | 31쪽: 국립국어원(wikimedia commons_CC2.0) | 32쪽: Nigel Cattlin(Alamy Stock Photo) | 34쪽: 북앤포토 | 40쪽: inga spence(Alamy Stock Photo) | 41쪽: JMK(wikimedia commons_CC3.0), Karl Brodowsky(wikimedia commons_CC3.0) | 45, 56쪽: POWER AND SYRED(SCIENCE PHOTO LIBRARY) | 48쪽: Science History Images(Alamy Stock Photo), 스톤(게티이미지코리아) | 50쪽: Garry DeLong(SCIENCE SOURCE) | 59쪽: Clematis(wikimedia commons_CC2.5) | 73쪽: 퍼블릭도메인 | 76쪽: H. Zell(wikimedia commons_CC3.0) | 81쪽: Wellcome Library(wikimedia commons_CC4.0) | 82쪽: 퍼블릭도메인 | 91쪽: Oleksandr Sokolenko(Alamy Stock Photo) | 96-97쪽: Pat Canova(Alamy Stock Photo) | 103쪽: Accrochoc(wikimedia commons_CC3.0) | 그 외: 셔터스톡

용선생의 시끌벅적 과학교실 | 식물

1판 1쇄 발행	2020년 4월 23일
1판 7쇄 발행	2025년 3월 10일

글	설정민, 김형진, 이명화
그림	조현상(매드푸딩스튜디오), 뭉선생, 윤효식
감수	박재근
캐릭터	이우일
어린이사업본부	이승필
책임편집	이건혁
편집	정세민, 이명화, 홍지예, 김미화, 최예리, 윤성진, 박하림, 김예린
마케팅	윤영채, 정하연, 안은지, 박찬수, 강수림
경영지원본부	나연희, 주광근, 오민정, 정민희, 김수아, 김승현
아트디렉터	강찬규
디자인	디자인서가
사진	북앤포토
펴낸이	윤철호
펴낸곳	(주)사회평론
전화	02-326-1182
팩스	02-326-1626
주소	03993 서울시 마포구 월드컵북로6길 56 사평빌딩
출판등록	1993년 10월 6일 제 10-876호

ⓒ 사회평론, 2020

ISBN 979-11-6273-099-7 73400

· 이 책 내용의 일부나 전부를 다시 사용하려면 저작권자와 사회평론의 동의를 받아야 합니다.
· 잘못 만들어진 책은 바꾸어 드립니다.

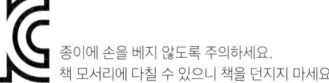
종이에 손을 베지 않도록 주의하세요.
책 모서리에 다칠 수 있으니 책을 던지지 마세요.